U0031432

守好你的心理界限 療癒你的內在小孩

善良的人，不一定要這麼辛苦！
教你懂得保護自我，親近他人，擁有生活「自我決定權」的訓練

精神科醫生
文耀翰

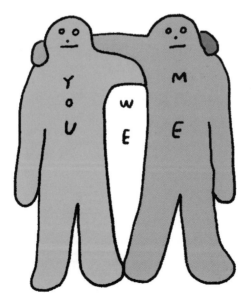

陳彥樺——譯

我的警戒線
是為了保護我內在的存在性，
以及守護我自己的選擇權利。

──傑拉爾德・曼利・霍普金斯
（Gerard Manley Hopkins，1844-1889，英國維多利亞詩人）

從孩子，轉變為成人的人際關係

　　現今已有許多報章雜誌，不斷在探討人際關係的重要性。這是重新自我審思的好機會——究竟什麼樣的人際關係才是好的？又或者，該怎麼做才能讓人際關係變得更好？基於心中的困惑，我曾藉由閱覽書籍、參加相關講座，以及聽取一些經驗豐富的友人給予精采的建議尋找答案，而大家的論述各自有理。但是，每當我真正下定決心身體力行，總覺得有些困難。到底問題出在哪裡？是因為我們還不夠努力嗎？在外人看來，關係不佳的情侶或夫妻之間，會走到那樣的地步，問題都是出自於他們不夠努力於維繫彼此的感情。但事實上真的都是如此嗎？我想，他們與一般

人並沒有不同之處，一定也曾經想過要認真的維持好這一段關係。所以，問題到底是出在哪裡呢？

　　人際關係的經營，跟讀書或學習樂器不同，並非只要努力練習就能慢慢累積實力。人際之間的互動，有時候不管再怎麼努力練習，也不一定能變得更好，甚至常常會產生反效果。人與人相處，就好像在玩兩人三腳的遊戲，儘管有人很認真，但如果不能配合同伴的腳步，就很容易絆倒跌傷。或者，我們自己很認真玩遊戲，對方卻一點都不在意，可能會讓我們氣得想解開繩子自己跑，或甚至想換一個新搭檔算了。只是，把對方換掉，難道就能讓彼此好好配合，能解決問題嗎？

　　在我們成長的過程中，常對「如何處理人際關係」這件事感到挫折。往往愈是努力想提升自己的人際關係，卻反而弄得愈糟糕。比如：努力避免讓自己受傷，卻還是受傷了；或是已經盡力不傷害到別人，但傷害還是發生了。經歷如此渾沌，我終於找出一個解決方法，那就是「與對方保持距離」。只要能與他人保持距離，就既不會受傷，亦不帶來傷害。

　　　即使在一起，也要保持距離
　　　唯獨這樣，天上之風
　　　才能在你們的關係之間飛舞

偶然讀到哈里利・紀伯倫（Khalil Gibran，1883 – 1931，黎巴嫩詩人）的一首詩，優美極了。喔，不只，是非常有智慧。而這就是解答！說實話，我因為保持「不受傷的距離」，深深感到孤單。後來成為一名精神科醫師，我才知道「保持距離」的另一個意思則是「迴避」。

來到諮詢室求助的人們，內心大多很痛苦，苦從何而來？早期心理學家阿爾弗雷德・阿德勒（Alfred Adler，1870-1937，奧地利心理治療師、個體心理學派創始人）說：「人類的苦惱全來自於人際關係。」沒錯，許多人會對於人際之間的問題感到痛苦不已，卻無法從那段關係跳脫出來。即使他們順利離開那段關係，當有新的機會與下一個人建立新關係時，卻依然用相同的模式經營，則原本的問題仍是存在的。人之本能，即為逃避痛苦、追求快樂，但我們為什麼總是糾結在人際關係裡，無法脫離痛苦？為何我們都期望著彼此的幸福，卻沒有收穫，最終僅剩互相傷害呢？

因主管的無視而不擇手段想獲得認可的職員、哭訴著不知如何管教脾氣失控學生的教師、怒喊著「這是最後一次」卻又不斷掏出養老金幫助子女還卡債的父母、任誰都看得出來對彼此有好感卻先拒絕對方的女性、假裝不知配偶外遇的先生、被大學生女兒打罵卻悶不吭聲的媽媽、無法忍受下屬提出不同意見而火冒三丈的上司、為了讓愛人留在自己身邊而施展暴力或試圖自殺、因愛人出軌而分手後又與有相同前科的新對象展開戀情……等等。這些不理智的事情總是一而再、再而三的上演。上述這些故事的主角們在日常生活裡，多為明白事理的人，但在人際關係的處理上，卻容易做出上述選擇與行動。

為什麼會這樣？原因出在「關係框架」。就好比烤麵包時會使用模具，讓每一個麵包長得都一樣。人際關係也有像模具般的

　框架，這個框架會讓我們在與他人建立新關係的時候，不自覺的沿用過往相同的關係模式。這些基本的框架早在年幼時期已形成，基本框架由「孩子與大人」間的關係傳承，和「大人與大人」間的關係又有著微妙的差異。因此，當我們成人之後，人際的框架會漸漸從「孩子─大人」之間，轉換成「大人─大人」之間的關係框架。年幼時期在人際關係上受過傷的人，對於關係框架的轉換較難以掌控。這些無法紓解的情感、信念，以及對依戀的渴望填滿了框架，並由中獲得生存的空間。這樣的關係框架雖有助於幼年的生長，但套用在成人關係上的話，會產生諸多問題。一個孩子會單方面的依賴大人，又或在不得已時依大人的指令做事，

在與大人意見分歧時只能生悶氣、或用耍賴的方式獲得所需。但在成人間複雜的人際關係裡，解決互相矛盾的方式與幼兒不同，我們為了保護自己，或許得適當的說出讓自己憤怒的原因。我們不能僅以「自己」為中心，除了對自己負責之外，也應考量對方的立場。成人間複雜的關係，常會讓仍糾結在基本框架裡的人們，無力為自己調解。因此，成人的你，若仍處在一段段令你心力交瘁的人際關係裡，必定要重新對你的基本關係框架展開審查。因為，我們容易不知不覺的一直在使用過去年幼時期，維繫關係的方式來建立現在的各種關係。關係之困境，並不是一件能由改變對方就可以解決的事情。無法了解自己的「關係框架」，則無法改變陳久不變的關係模式，將會導致人際關係上的問題反覆發生。

　　幾年前，我開始透過「心理界限」（boundary）的概念，觀察人際關係的問題與尋找解決方法。藉由輔導諮詢的過程，帶入心理界限的概念，以這樣的方式幫助我發現患者們過去的關係框架的型態，並且協助他們將原本擁有的關係框架轉換為成人之間的人際模式。何謂「心理界限」？心理界限係為區分「自我」和「非自我」的自我警戒線，它也是引導關係交流的通道。「自我」的真實模樣並非存在於單獨一人的時候，而是以心理界限的形態存在於各種不同的關係之中。

　　心理界限的核心功能，在於保護自己與和他人交流。無法掌控心理界限的人，不懂得分辨「我」和「非我」的差異，導致

自己在某些危險情況下，不懂得保護自己，或者在安全的情況之下，過度保護自我而影響到人際交流的關係。相反的，擁有健康心理界限的人，不需要刻意保持和別人的距離，亦不用欺瞞自己或犧牲自己來維繫與外界的關係。他們能夠照顧自己又可親近他人；可以接收美好的事情又能宣洩自我的情緒。擁有健康的心理界限，其保護與交流的功能能夠相互運轉。

心理界限的建立並非只有安慰自己，它是重新建造人際關係的變化心理學。希望讀者藉由本書，成為能自己照顧自己，又能與他人親近的人；可以努力活出自己，亦能夠尊重對方不同的樣貌；知道如何解決矛盾，能勇敢而不逃避；即使很在意對方，也能適時拒絕，並且具體表達出自己的感受。不過，「心理界限」一詞在韓語詞彙裡，沒有一個相似可以替代形容的詞彙。雖然它的意思接近於「警戒」或「領域」這兩個詞彙，但本書所謂的「心理界限」強調「保護」和「交流」，雖偏於「保護」的涵義，但仍決定依照外來詞彙的「心理界限」稱之。

本書分為兩大部分，前半的第一部與第二部講述自我的心理界限的重要性、心理界限的形成，以及問題產生的原因。後半的第三部與第四部則提出重新建造健康心理界限的方法。第一部說明問題發生點的導火線，透過案例，探討心理界限為何？其重要性是什麼？並找出它是如何形成的。第二部則具體說明心理界限產生問題的時候，會發生什麼事情？根據其非正常的關係發展，

可分為四種類型，並得知這四種類型不同的心理狀態。第三部告訴讀者，若想擁有健康心理界限，所需要的五大要素是什麼？第四部將提供讀者自行嘗試重新建立健康心裡界限的方法。

自我的心理界限變得健康以後，不等於能完全脫離痛苦，獲得自由。在人際關係中感受到痛苦，是人類在社會生存中進化的動力。與其他動物相比，人類能有如此精采的社會性功能，是建立在人類對於絲毫的人際關係損傷，就產生痛苦的感覺之上。換句話說，人類強大的社會交流合作建立於「對社會性痛苦之高度敏感」。既然無法於痛苦之中獲得自由，那我們應在這樣的痛苦之中嘗試做點什麼。當身體疼痛的時候，我們會去照顧身體；同樣的，當我們在人際關係之中感到痛苦，就要好好照顧人際關係。動物會避開痛苦，而人類要擁抱痛苦。當我們發現其痛苦的意義後，必能有所成長。我們對痛苦抱持的態度應是「將痛苦成為養分，使我們成熟！」

幾年來，我藉由心理界限的概念來統合基礎心理學的工程，初步告一段落了。像線頭亂成一團、紛雜的故事，也能一一被整理出來，感謝 thequestzig 出版社與朴允祖部長協助完成這本書。

二〇一八年初秋

文耀翰

第 1 部

問題出在心理界限

你的人際關係還好嗎？

第 1 章 / 善良的人，不一定要這麼辛苦 18

常因善良的個性吃虧？關於成熟與不成熟的善良 20・人們過於親切的理由 23・不是善良，而是「示弱」 25

第 2 章 / 為何愈親近的人傷我們愈重？ 28

多數人都被傷害過，卻認為從沒給過他人「傷痛」 29・當心理界限變得模糊：想要擁有人際關係的強烈欲望 32・期望著無望：錯以為缺乏而衍生的悲劇 37

第 3 章 / 控制者與被控制者 42

被「連結感」鐐銬的情感枷鎖 43・常見的情感枷鎖 47・情感控制者與情感被控制者 50・哪種人會被控制？ 53

第 4 章 / 什麼是心理界限？ 57

自我的束縛 58・心理界限的功能 60・當心理界限出問題：模糊或僵化 62・心理界限失衡的悲劇：愛可與納西瑟斯 64

第 5 章 / 如何形成心理界限 68

嬰兒出生的心理學 69・依戀損傷扭曲了幼兒發展 73・全都是父母的問題嗎？ 77・「恢復」依戀的重要性 80・文化發展與心理界限的關係 84

第 2 部
扭曲的心理界限：
順應型、照顧型、防禦型、支配型

第 6 章 / 心理界限出了問題？ 94

人類心智發展 95・孩子們的創傷：創傷型的發展障礙 99・心理不成熟與過熟的孩童 102・過度分化的自我——警戒的心理界限 103・未分化的自我——模糊的心理界限 108・心理界限的欺騙者與守衛者 113・心理界限異常的逆功能關係框架 116

第 7 章 / 不願與人產生衝突：順應型 119

為什麼要完全配合對方？ 120・未能及時解決的分離焦慮 123・在待人處事時遇到的問題 125

第 8 章 / 你開心我才開心：照顧型 128

要照顧到每個人才能安心 129・嚴重的責任感糾結 131・在待人處事時遇到的問題 134

第 9 章 / 不要把注意力放在我身上：防禦型 138

你是你，我是我 139・根深柢固的不信任感 141・在待人處事時所遇到的問題 144

第 10 章 / 只懂自己的人：支配型 148

利用支配與剝削形成的人際關係 149・藏匿在憤怒後的「羞恥心」 152・在待人處事時所遇到的問題 154

第 3 部
幸福的人際關係條件
擁有健康的心理界限所需的五大條件

第 11 章 / 關係調節力:調節關係深度的能力 164

健康的心理界限是生命正反兩面的合併 166 · 適當的懷疑與主動思考的能力 167 ·
公式的分化與基本信賴 170

第 12 章 / 互相尊重感:既分開又一起 175

人際關係中最重要的是? 176 · 融洽相處卻又不同 179 · 跳脫機械的對稱 182

第 13 章 / 揣測心之心:我的心與你的心 185

形成安全依戀的育兒祕訣 186 · 為何辛苦卻說不出口? 188 · 每個人都有「同
理圈」 194 · 因心理界限引起的共感能力問題 197 · 分享內心經驗 198

第 14 章 / 衝突恢復力:恢復比迴避重要 201

處理衝突的方式 202 · 相較於不起衝突,更重要的是「衝突恢復力」 207

第 15 章 / 誠實的自我表現:拋開過度的害怕 212

太過誠實,會有莫名的恐懼? 213 · 常常心口不一 215 ·
細膩與粗糙的誠實 219

如果我親近他人會受到傷害,該怎麼辦?

第 4 部
心理界限的重建
重建心理界線、找回「像自己」的生活方法

第 16 章 / 理解關係史 226

最初的人際關係,支配人生裡的所有關係 227 · 了解不斷重蹈覆轍的「我的關係史」 230 · 你發現了什麼? 235

第 17 章 / 治療依戀損傷 240

會改變關係嗎? 241 · 區分過去與現在的關係 243 · 想要脫離傷痛嗎? 246 · 安慰自己的能力 249

第 18 章 / 建立心理界限的自我表現訓練 P.A.C.E. 254

第一階段:暫停 Pause ——練習暫停與保留自動反應 256 · 第二階段:意識 Awareness ——意識到自己的情感、需求與責任 259 · 第三階段:調節 Control ——根據情況與對象來調節自己的反應 266 · 第四階段:表達 Self-Expression ——誠實且慎重 270

第 19 章 / 練習說「不」 278

決定權在你手上 279 · 訓練拜託他人:我能拜託你,而你可以拒絕我 281 · 拒絕的表現:我拒絕的不是你,而是你的請求 283 · 不同心理界限問題類型的拒絕訓練 285 · 真要斷絕關係:冷靜表達不滿的方法 288

第 20 章 / 打造「自我世界」 293

現在我的人生中,擁有了什麼? 294 · 建立健康的自我世界所需的東西 296 · 自己產生快樂的力量,我的「安逸感來源」是什麼? 299

後記 / 心理界限超越心理界限 302

第 1 部

問題出在
心理界限

你的人際關係還好嗎？

當身體疼痛的時候，我們會去照顧身體；
同樣的，當我們在人際關係之中感到痛苦，
就要好好照顧人際關係。

第 1 章

善良的人，不一定要這麼辛苦

●

不成熟的善良裡隱藏著自己也沒察覺的意圖。

不管別人是否同意，他們親切的態度是要求回報的。

●

「人為什麼總是自私自利？」

書妍一直面臨到同樣的問題。當書妍最好的朋友需要她的時候，她總會將自己的事情往後延，先和朋友一起做朋友想做的事情；但等到自己需要幫忙時，朋友卻毫無所覺，讓她的內心非常受傷。書妍的朋友交了男朋友，這是壓倒她們關係的最後一根稻草，她來到諮詢室尋求協助。書妍的「閨蜜」是她的高中同學，自從談戀愛後，她對書妍的態度逐漸改變了。書妍自己也談過戀愛，可以理解女人一旦談戀愛後會有所改變。但在書妍的眼中，她認為朋友完全變了個人。一開始是不主動聯繫她，後來是連說

好要再約時間聯絡，卻轉眼間馬上忘得一乾二淨。起初書妍感到傷心，後來這樣的感覺慢慢的轉變成了憤怒，來到諮詢室的時候，她被背叛的感覺已變得非常強烈。

書妍自己談戀愛的時候，為了怕朋友傷心，都會優先照顧朋友的感受，即使自己想要和男朋友享受兩人世界，好幾次的約會仍會帶上她一起同行。而且，自己與男朋友的事情，她更是一五一十與好友分享；相反的，好友談起戀愛，卻一點都不如書妍細心，竟毫不顧慮她的感受。書妍至今仍未與朋友的男朋友見過面，對方亦不曾對書妍談論自己戀情的進展。

不久前，書妍長久累積的情緒終於爆發了。書妍好不容易等到朋友主動來找她，但朋友竟是為了推延早已預訂好、與書妍兩人單獨旅行的計畫。書妍認定她一定是因為男朋友才想推掉這個計畫，而感到生氣，就跟朋友說了一句：「妳和我的友誼就到這裡了！」之後便掛了電話。從來沒有對朋友發過脾氣的書妍，不僅自己感到驚訝，好友亦深感錯愕。她雖然知道自己對不起書妍，但以為書妍應該能夠理解她才對。

常因善良的個性吃虧？關於成熟與不成熟的善良

書妍經營人際關係的模式大致相同。與他人親近時，即使自己覺得不舒服，仍給予對方最大的忍耐限度，只要不超過容忍限度，她就會退讓並配合對方。她會盡量配合對方的時間與地點見面；而令她感到困擾的請託，也總是來者不拒。即使看似無理的要求，仍硬著頭皮答應；如果對方突然改約或遲到，她也是笑臉面對，從不曾因此發脾氣。不僅如此，書妍永遠都會記得為朋友慶祝生日，或其他特別的紀念日。逛街的時候，如果看見適合朋友的東西，就會買下來當作禮物送給對方。而且，她永遠會先主動聯繫朋友。書妍認為，所謂的好閨蜜就是沒有祕密，不管好壞都能與對方全盤托出。最初，朋友會覺得感動，久而久之，卻開始將書妍的體貼視為理所當然。當朋友

沒耐性聽自己的故事、忽視自己的時候，書妍的內心會感到受傷。她常在意朋友對自己的看法。她怕被朋友討厭，就算遇到不合理的對待，也會選擇繼續忍受。書妍認為把心裡的話開誠布公，會造成兩人之間的尷尬。《韓非子》說：「千里之堤，潰於蟻穴。」小事不斷累積，最終導致不滿的情緒潰堤爆發。書妍在盛怒之下掛了朋友的電話。接下來，這將形成書妍人際關係的循環模式，不斷重蹈覆轍。

書妍覺得自己常因太過善良而吃虧，於是她偶爾會對周遭的人感到厭煩，甚至對自己生氣。她雖然也很想和別人一樣，不考慮他人感受、厚著臉皮過日子，卻又辦不到。「先為他人著想，已成為身體的習慣了！」書妍說。她以雨天撐傘的習慣為例：當只有一支傘需要和朋友共用，即使自己會淋濕，她也會優先往朋友的方向撐傘。朋友或許會覺得尷尬，但書妍仍會這麼做，唯獨這樣付出，才會讓她感到安心。書妍的例子便是一種「單方為他人著想」的典型案例。

「如果是妳沒有雨傘的話，有雨傘的朋友會怎麼做？」我問。

「如果是我，我會將傘往朋友的方向撐。若朋友家住得較遠，即使她說沒關係，我也會先送她回家，或把傘給她使用。同樣的一件事，卻常讓我感到，朋友對我並不如我對他們一樣貼心，我會感到傷心。我不在意自己有沒有帶傘，即使朋友跟我共撐一

把傘，她卻不會特別往我這邊撐。有時見面，她甚至會以忙為由，就先離開了。但是我再怎麼忙，都會先顧好她！她這樣對我，真自私！」書妍說道。

雖未講明，但書妍認為「我很善良，其他人都很自私。」然而，善良並非全為褒意。隨著時代變化，根據不同情境，「善良」一詞的涵義變得有所不同。假如你聽到某人說：「你看起來像是個好人。」獲得這樣一張好人卡，你的感受一定是開心的嗎？雖然在不同的情狀之下，會有不同的感受，然而這句話聽起來並非全然好意。

曾幾何時，「善良」一詞成了愚笨、缺乏主見、不懂得照顧自己、沒有個性等等充滿負面涵義的代名詞；人們將「善良」的個性，與「玻璃心」和「缺乏個人魅力」連結在一起。有些父母甚至擔心「孩子被困在善良的泥淖裡了！」、「孩子太善良了，該怎麼辦？」擔憂孩子太過善良而無法與社會競爭。我還遇過一對父母帶著他們的孩子—— 一位習於幫助其他同伴，而被貼上「善良」標籤，常被人欺負的國小學生——來到諮詢室。至今，我仍忘不了那孩子驚慌失措的表情。

不懂得拒絕他人的請託、習慣性為他人著想，這些人常被冠上「個性善良」之名。保有「善良之心」難道不對嗎？為避免混淆，我們將「善良」分為兩類：「成熟的善良」和「不成熟的善良」。

「不成熟的善良」簡單來說，即為「順應」，就像是一個聽從大人的話，且依照指示行事的純真孩子。由於孩子的力量單薄，判斷思考能力尚未發育完全，因此需要順應大人的指示做事。當孩子隨年紀增長，開始培養出自我判斷的能力，就不需完全接受他人的想法、按照大人的指示行動。如果一名大人還是像孩子般乖乖聽話，別人說什麼都照單全收，就是不成熟的表現，不能稱為「善良」了，而只是將「孩子─大人」關係模式裡的「順應」習慣直接套用在「大人─大人」之中。

　　何謂「成熟的善良」？「心地仁善」是由心理發育成熟演變而來的。成熟的人格有自我主見，也懂得尊重他人立場，並且能判斷對與錯，他們看見有困難的人時，會發自內心感到惋惜而施予親切的照顧。有些人認為「自我犧牲」就是善良的表現，但那可能是未經思考過的「不成熟的善良」。不成熟的善良，可能有其目的性，比如希望獲得他人的稱讚與認同、得到對方的好感與歡心，甚至能換得同等的回報。

人們過於親切的理由

　　「善良」與「假裝善良」就像是正品與仿冒品一般，「假裝善良」非「真善」，而是一種「偽善」。就像那些平時不理會民眾訴求，只有在選舉時才大喊「我親愛的選民啊！」的從

政人士；還有積極協助鄰里處理各種麻煩事，卻對家人施暴的社區委員並無不同。這樣看來，「偽善」的確是人類社會矛盾的特徵之一。

　　說不定，偽善才更接近人類的原貌，它反映出人類極為在意自己的人際關係與社會評價，重視自己在別人心中的地位。自信心愈低的人，愈需要從他人的關心、認同和評價中獲得肯定。由於自我價值感不足，導致無法肯定自己，必須利用他人的好感與讚美填補自我價值感的空缺。

　　他們對外人的親切來自於缺乏自我認同。他們期望自己對他人的用心及關心，能夠以各種方式回報和給予認可。如果對方的反應不符合預期，他們就會感到受傷。雖然嘴上不承認，內心卻執著「我為了你做了這麼多，為什麼你不能也為我這樣做？」對於擁有「不成熟的善良」心態的人們來說，人際關係是一種交易的關係。他們不斷的計算，無法放下「債權人的思惟」。他們不需經過對方的同意，即任意給予過度的親切，將人際關係化為債務關係，不斷的對他人累積「親切」的債務，讓對方無法脫離。

　　當對方持續接受好意卻毫無回報的念頭，超過出他們可忍受的限度後，他們的情緒終於爆發，向對方吶喊：「為什麼你不回饋我對你的好！」但這就像是變相的討債行為。對方理所當然會如此反應：「為什麼？我又沒有要求你要對我付出。」未經詢問

的好意，變成一種借貸的關係，別人當然會驚慌失措。特別的是，這類型的人，他們並不期望對方還完所有「債務」，若「債務」還清的話，雙方連結的紐帶就消失了。為了保持彼此之間的連結，這類人希望從別人身上得到的回報，要比自己付出的少。

不是善良，而是「示弱」

真正善良的人，不會刻意要求自己成為一個善良的人。善良不是無私奉獻，更不會以「你也要回報我，如同我給你的方式」來計算人際關係。他們不會因為顧慮到雙方的關係而勉強自己，或是逼迫自己一定要為對方做某件事。所謂「成熟的善良」，是追求雙方皆大歡喜的人際關係。耶穌曾說過一句話：「你施捨的時候，不要讓你的左手知道右手所做的事[1]。」大眾將其解釋為「為善不欲人知」。這句話的核心並非「不告訴他人」，而是「做善事，不求回報」。不該將「對他人付出的行為」，訴求於自我認同或要求他人回報的工具，因為從付出的行為中獲得真正的快樂，這才是成熟的善良與愛的表現。

書妍與男友歡度兩人世界時，勉強拉著朋友一起，就是照顧朋友的行為嗎？對朋友來說，這是會讓她感到尷尬與不舒服的表現，她心裡可能想著：「你們自己約會就好了啊！」而且當天是書妍來到她家附近把她叫出門，並不是她自己想加入的；

[1] 出自《聖經》〈馬太福音 6:3〉" When you give……do not let your left hand know what your right hand is doing."

她也不認為自己曾參與過書妍與男友的約會，她就該有一樣的行動。她並不想將自己的一舉一動，特別是與男朋友相關的隱私都與書妍分享。

像書妍這一類的人，在人際關係方面的問題，並不是出自於太過「善良」，而是自我太過於脆弱，而無法照顧自己，導致人際關係變得這麼辛苦。一個成人若展現「不成熟的善良」，代表「自尊心低落」和「心理界限未發展成熟」，因為自我沒有完整成長，不懂得如何安慰自己與帶給自己快樂。這樣的人沒辦法以和他人有著共同的興趣及相似的個性作為基礎，締結一段安穩的人際關係。他們只能利用過度的親切或順應別人的方式，獲得對方的認同與關注，並透過與他人的關係，取得無法自我產生的安慰與快樂。久而久之，這樣的關係就會失去平衡。

嚴格來說，這樣的人只是在「假裝」為別人做事。他們在期待對方的眼光中付出，卻無法全心全意了解別人真正的想法。看似都在配合對方，完全關注在對方身上，其實他們關心的並不是這個人，而是這個人如何看待自己。他們不會懂得別人在想什麼、喜歡什麼、需要什麼，只會單就自己的方式表現，讓自己陷入「只要努力對人好，對方就會喜歡自己」的迷思。這就像是一個孩子將自己最愛的棒棒糖分享給媽媽，自認為媽媽會很開心，而媽媽理所當然的會發現孩子的目的，假裝出開心的模樣，然而一個健康的成人懂得調整自己的情感，是不需要刻意假裝的。由

於區分自我與他人的「心理界限」模糊，造成書妍分不清自己與他人都是一個獨立的個體。她對待別人的態度，就如同一個孩子想要待在媽媽身邊，認為自己喜歡的東西也是媽媽喜歡的。最後，過度「親切」反而引起了傷害，但這樣的傷害是自己造成的，而非他人。

第 2 章

為何愈親近的人傷我們愈重？

●

與他人近距離的相處，可能會在毫無意識時受到傷害，

或不自覺的傷害了對方。這就是人際關係的本質。

●

「即使我再怎麼努力，仍有做不好的事情。我真的盡全力了。從和她在一起的那天起，就注定我們兩個不合適。這段時間以來，我們實在太過勉強自己配合對方了！」

此時，結婚八年的英浩先開口說話。夫妻兩人都是律師，雖然長期接受婚姻諮詢和治療，但其實彼此都早已放棄修復夫妻間的關係了。兩人在三年前開始分房睡，除了一些不得不同時出席的場合之外，許久沒一起吃過飯了。英浩在接受個人諮詢時，開口訴說自己的心情：「我這一生從來沒有做過任何一件事，比經營婚姻付出更多的努力，甚至比律師考試還要認真。我夢想擁有

一個完美的家庭，想過著幸福美滿的夫妻生活，但回頭一看，實在太令我感到絕望了。到最後，只剩下傷痕累累的心。」他在諮詢室裡宣告自己在離婚之前，已用盡所有力氣來挽回婚姻，最後卻只能替自己的結婚生活畫下句點。

多數人都被傷害過，卻認為從沒給過他人「傷痛」

每當以人際關係為主題，舉辦演講或授課時，我總會提出這一個問題：「這輩子是誰對你的傷害最大？」大部分人都能輕鬆的回應。他們回答誰呢？父母和配偶總是壓倒性勝出，緊接著才是朋友、戀人、兄弟姊妹或上司等等。甚至有某些人一聽到提問，只是回想起傷害他的人，表情瞬間就變了。彷彿那樣的傷痛記憶不只存在腦海裡，連身體都記得很清楚。

一會兒後，我又試著提出另一個問題：「你這輩子傷害最深的人是誰？」大家一片沉默、偷瞄著別人，好像特別在意他人眼光。即使以匿名的方式作答，仍無答案。大多數人都認為儘管自己曾經讓別人感到失望，或不小心造成了些微的傷害，卻並不嚴重或影響不大。但可笑的是，你覺得世界上會有那種只有輸家卻沒有贏家，如此不公平的賭局嗎？這世界上有很多人，看似無堅不摧，但若仔細觀察，會發現人們其實非常脆弱（這應該可以安慰到一些心思較敏感的讀者吧）。

身為精神科醫生，我陪伴過許多個案，更發現人類真的是一種容易受傷的動物。旁人無心的一句話、沒有惡意的小動作，都可能在我們心中留下痕跡。這樣細膩的心思和感受，能讓我們對人一見鍾情，也能因憤怒、失去理智而殺害他人，這就是人。每個人天生就是一個社會性個體。

　　人因社會性，必然擁有雙面人格。我們因他人而感到開心和幸福，亦因他人而感到悲傷和痛苦。人類的情感高度分化，由於如此複雜的社會情感，導致我們容易受到傷害。傷害的來源或許是因為別人和自己的想法不同、被他人無視、和他人分離、不如別人受到喜歡、被排擠在團體之外等等。

　　我們為何會對於這些與他人連結的社會情感如此敏感？這些情感扮演了什麼樣的角色？強烈的社會情感，讓痛苦很輕易的滲透到我們的體內。當身體的痛苦愈來愈明顯，人類就會反射性的保護自己，來自參與社會的痛苦，是告訴自己該好好照顧人際關係的信號。假使我們被他人無視、被排擠在團體之外，甚至遭遇愛人離自己而去，可以沒有痛苦的感覺，是不是就不需要努力經營人際關係了？

　　人容易被他人傷害，代表著人本身也是容易傷害他人的個體。換句話說，你也可能成為深深傷害他人的那個人。並不是只有自私的壞人會帶給別人傷害，那些看似無私奉獻的人，甚至是公認的好人，亦可能在無意中傷害到他人。只要與別人的

距離愈近，在無意識之下，就可能受到傷害或傷害對方，這就是人際關係的本質。請想像一下，在客滿的公車裡，儘管沒有任何人意圖造成別人不舒服，但只要稍微移動一下，就一定會出現使自己不舒適或侵犯到他人領域的情形。兩人睡在同一張床上，雖未意圖要折磨對方，卻還是會不小心打擾另一個人。有時候甚至是說錯一句安慰的話，或做錯什麼事情，都可能帶給對方傷害。某些植物太常澆水反而是種危害，而對人類好的食物對動物卻是毒害；父母認為的關愛，在孩子眼裡是監視和干涉；朋友好心的勸言，可能因為難以接受而選擇忽視。人際關係在本質上是辛苦的。

英浩在這段婚姻裡，對自己付出太多努力而感到委屈，認為自己受到很多傷害。他覺得自己總是先考慮到太太的感受，無限度的給予忍耐與退讓，在每次爭吵後，他總是先道歉並試圖重啟話題。而每當與太太發生爭執，他就無法做任何事情，只能彼此冷戰不說話，在家裡的時光更是如坐針氈。面對同樣的狀況，太太不僅能將自己的事情做好，在家裡似乎也沒有受到任何影響。難道太太真的一點都不覺得痛苦嗎？英浩將夫妻間的問題看成一個刑事案件，太太為加害者，自己是受害者；他將我視為法官，希望我能客觀判斷到底是誰的問題。

令人非常惋惜的是，自我糾結的英浩未能衡量太太所經歷的痛苦。嚴格來說，他不想聽到，亦不願聽到。他覺得自己總是單

方面的努力與退讓，所以太太在他面前沒有資格說自己辛苦。面對太太偶爾訴苦，英浩最先產生的想法是「她真自私！」而習慣性不予理會。

當心理界限變得模糊：想要擁有人際關係的強烈欲望

長期習慣戴著帽子的人，當脫下帽子時，會有自己仍然戴著帽子的錯覺，戴眼鏡的人也是。它們如同身體的一部分，即使脫掉，手甚至還會不自覺的去撫摸頭部、鼻梁。帽子為體外之物，卻因長期戴在頭頂上，彷彿已和身體連接在一起，形成身體的警戒線。當脫下帽子時，界線就會暫時變得模糊。

人際關係如同帽子和眼鏡，當與他人愈接近時，我們會習慣將他人視為自己的一部分，而非「外人」，這是因為人類的自我裡存在著心理界限。與他人愈靠近，心理界限變得愈擴散。簡而言之，他人融入自我警戒線、成為身體一部分後，便結合成「我們」的概念。雖然「我們」互為不同的人，但會有相同的興趣、共同感受、共享回憶，甚至以對方之喜為樂、對方之悲為苦。這樣的親密感，指「我」與「你」之間形成一塊名為「我們」的共有領域。

當「我」與「你」的心理界限逐漸陷入自我、成為身體的一部分，所產生的區域即為共有領域，便無法將它再看作某一個人

的專屬領域了。是「我」也是「你」，心理界限模糊後產生的「我們」，就是「我—你」（I-You）的領域，這是很正常的現象；反之，若無法與人產生「我—你」（I-You）的領域，則會被視為不正常。假使一個人常與某人關係親密，卻永遠保持「你是你，我是我」的警戒，代表這段關係僅是形式罷了。

　　這種親密感具雙面性。親密使我與對方產生連結，形成連結感與安定感，但也存在著陰影面。與對方愈是親近，讓雙方的心理界限愈是交錯模糊，使得區分「我」與「你」的功能減弱，進而認為對方是自己的一部分。這樣的親密感促使我們期望對方必須要有「即使我不說也能懂我」的心理，而且不管別人說了什

麼，也必須永遠站在我這邊，甚至期待他人能夠依照我們心裡所想的方式行動。到頭來，我們要求對方的樣貌，並非他們的真實原貌，而是我們所期望的樣子。換句話說，我們忘記他人是一個與我不同的獨立個體，產生了「關係擁有的欲望」。年紀愈小的孩子，就愈有這種渴望。孩子希望父母只關懷照顧自己、希望父母能懂自己在想什麼；我喜歡的東西，父母也能喜歡。這樣的連結關係，總伴隨著「親密感」的正向光芒與「關係擁有欲望」的陰暗黑洞。

整體而言，人類對人際關係的渴望大過於對物質的欲望。依《創世紀》所述，亞當為世上首次出現的人類。亞當沒有伴侶，獨自一人生活在伊甸園，所以造物主取出亞當的肋骨，創造出夏娃。為何是肋骨？這個經典故事隱藏著人際關係中的重要線索。對亞當來說，夏娃是第一個除了自己以外的他人，且不是從土裡誕生，是由自己身體的一部分創造出來的。簡單來說，亞當認為夏娃是自己身體的一部分，而不是外來的。藉此我們得知人類與彼此之間愈是接近，愈會否認對方是「外來的」，而會視對方為自己的一部分。

這種近似於「成為一體」的過程可分為兩種。一種是「健康的一體」：指不完全（但任何人都是不完全的）的兩個人彼此相遇後，互相依靠但維持各自的個體性，成為一段相互依存的關係。另一種為「病態的一體」：這類人通常存有幼兒的依戀欲望。嬰兒在

照顧者暫時離開身旁時，會立即產生恐懼感，並希望照顧者能全心全意照顧自己。對嬰兒來說，照顧者自己的事情並不重要，嬰兒只能在意自己的安危。

依戀，係指單方為了自己的生存產生對他人的執著與依存。人類是擁有強烈依戀欲望的動物，安定的依戀感持續到孩子滿三歲之後，強度就會稍微減弱，但仍希望獨占照顧者的全部關愛，期望他們以自己為中心，即使不說，照顧者也能知道自己內心的想法。在幼兒期過後的這種依戀欲望，是希望對方來填補自己的欲望，又稱「所欲性的一體」，即為「擁有的欲望」。幼兒存有依戀欲望很正常，但成人如果有依戀欲望，將會是導致人際關係變成悲劇的根源。他們長大成人後，仍希望對方只能注視自己，即使沒說出口的心情，亦能被理解，更單方面要求對方配合、回應自己的期望。如果他人未能達到期望，便感到失望、挫折、憤怒與痛苦。

「病態的一體」可大略再區分為兩種類型。第一種類型，因在幼兒期反覆受到依戀損傷，以至於長大成人後，仍存有依戀欲望。依戀損傷促使他們的心靈破洞，而感受到內心的空虛。在普通的人際關係裡，這樣的空虛感不會造成極大的問題，問題只在與人靠近時才會發生。空虛與缺乏是罪魁禍首。缺乏依戀，是依戀欲望的起因，他們會想要擁有對方，與對方成為一體。在戀愛初期，因荷爾蒙分泌，讓情侶會有一種每天都想膩在一起的心情，

不管做什麼都好，產生「我們是一體」的錯覺。情侶熱戀的模式，與我們小時候和照顧者之間的共生關係很類似，兩人之間互相有一股強烈的融合感。正常的愛情關係在熱戀期過後，會昇華成友情與親密的情感。雖然在感情昇華的過程中，會有一段過渡期，但經過融合後的關係將會再分化，最終成為一段「我」、「你」、「我們」三者融洽的關係；相反的，依戀缺乏者無法於融合後的關係裡重新再分化。

第二種類型則是自我的世界未能發育，導致他們找尋不到生活的意義並感到快樂。他們雖未有明顯的依戀損傷，卻在長大成人的過程中，未能發展出自我的個性，找不到生活意義與方向。他們會很認真去執行別人分配給他們的工作，但做完後卻莫名感到空虛。有些人會將這份空虛感化為尋找生活意義的踏板；有些人卻因此感到徬徨，並且將其不幸與空虛的原因歸咎於親近的人，要求對方協助他們解套。他們逐漸增加對另一方的期待，以及擴大擁有人際關係的欲望。他們堅決認為對方是應該給自己幸福的人，應該要有被期待中的作為。這類型的人如果對另一方感到失望，與對方離別、分道揚鑣後，當再遇見下一個人時，這份空虛感會更加明顯。「自我缺乏」中衍生出真實的空虛，是無法透過人際關係來填補的。人際關係的擁有欲望，不限於戀人或配偶，亦顯現於親子關係。父母會將生活的意義附著在子女的生活上，不斷對子女注入自我的期待與欲望。

幼兒期的依戀缺乏，或是成人期的自我缺乏，兩者都會扭曲人們與最親近之人間的關係。他們未能考量對方的個體性，將對方視為補足自我欲望的工具。

期望著無望：錯以為缺乏而衍生的悲劇

「期望可被期望之事」，是健康的心理狀態。不健康的心理狀態則是「期望無望之事」，比如：期望死亡不會到來，這是不可能實現的。「希望每天都幸福快樂」、「希望兩人的愛意永遠不變」、「希望對方可以依我所想而行動」，這些都是不健康的期望。

在各種人際關係裡，特別是夫妻關係，諮詢者往往有一個共同點，就是抱持著「期望不能期待對方的事」的心理狀態。對一個天生冒失的配偶，要求他做事小心謹慎；對一個共感能力較弱的配偶，要求他能說一些溫馨的言語；對一個有憂鬱傾向的配偶，要求他時常微笑和撒嬌等等，都是在期望這個人把不能做好的事情做好。

英浩想擁有一個會懂他又溫暖的太太。當自己心情不好的時候，即使不說，太太也能先主動靠近自己，關心自己發生了什麼事，好好安慰他。可是，太太不是這樣的人。英浩期待著太太成為媽媽之後，對家庭的付出更多，但女兒出生後，太太卻無任何

改變。英浩甚至不滿太太在女兒未滿六個月前就回到工作崗位。英浩以為太太會和自己有相同的想法，至少會先照顧孩子到滿三歲之後，再回去工作。這些不滿，英浩都容忍接受了，更舉家搬到太太公司附近，做最大的讓步。然而，太太卻不能理解先生怎麼會將這件事看作是極大的讓步。太太認為，把家搬到自己公司附近這件事，是先生對於一邊工作一邊兼顧小孩的自己，應要有的體貼。每次英浩提議要生第二胎的時候，太太總是斷然拒絕。

　　會發生這樣的衝突，與雙方的家庭背景有關係。太太是在雙薪家庭裡較為自由的成長，因此，她對於生活起居樣樣非常花心思經營的婆婆，感到疲憊不堪，也毫不掩飾的顯露出來。舉例來說，當婆婆時不時寄農作物和醃製醬菜給他們，太太都會對英浩說，既然沒有人想吃，就請婆婆別再送來了。但站在英浩的立場，會認為媽媽寄這些東西來是她的心意，太太的回應應該是：「謝謝，我會好好享用。」但太太的反應太過於誠實了。英浩覺得太太既沒有同理心又沒禮貌，才會無視自己的家人。對此，英浩心裡很受傷，加上太太向婆家去電問安的頻率逐年下降，兩年前開始更以工作忙碌為藉口，連各種重大節日都不回婆家探訪。太太的行為已損害英浩在家裡身為長男的威嚴。雖然他覺得難堪，但仍為了太太向家人辯解。即使如此，太太從未對英浩表示感謝，於是他失望的心情變成了厭惡，最後擴大成憎惡。

　　太太對於先生的不滿又是怎麼想的呢？答案是：無法理解。

明明在談戀愛的時候，她就已經跟英浩清楚說明自己的個性，像是與其他女性相比，她既不會撒嬌又缺乏同理心，婚前也已向英浩宣告，自己只想生一個孩子，而且不會因為孩子而放棄工作。當時，英浩明明對她說，自己就是喜歡這樣個性果斷又努力工作的自己，但在結婚後，卻慢慢要求太太成為另一個人，她反而認為英浩不曾考慮到她的感受，從不問她喜歡或想要什麼，而是一昧希望她欣然接受自己給予的所有一切。如果她說自己很辛苦，英浩先生的反應總是：「這有什麼好辛苦的！要往好的方面想啊！」

結婚前，英浩對太太沒有任何的期待。結婚後，各種期待逐漸浮現。他期待理性的太太能夠成為一個溫暖的人；期待熱愛生活的太太成為家事高手的萬能媳婦；期待不那麼有同理心、需要別人開口才會懂的太太，能夠成為一個默默觀察就能感覺到對方心意的人。英浩對於不能滿足他期望的太太感到挫折與憤怒。

英浩是家中兩男三女中的長男，從小就在父母的關愛下長大。與其說是「關愛」，不如說是「期望」。他遵循爸爸的意志，小學畢業後就北上首爾就讀國中，住在親戚家裡，他連說「不」的機會都沒有，更沒有自我思考、選擇其他路途的可能性。英浩如父母所願考上法律系，並在長期苦讀後，終於考上律師。他的心情卻像終於還完所有債務，並非發自內心開心。從司法研修院開始，英浩出現了遲來的混亂期。過去為了完成父母的期望，認

真的過生活，現在達成目標了，卻不知道自己該為了什麼繼續下去。他雖然和其他同期的本科生一樣取得律師的職位，卻覺得律師的工作既無趣又累人。

相較於英浩，太太從小就立志當一名律師。她在學生時期就非常關注各類社會活動。兩人相戀時，英浩看見太太朝向目標努力的樣子，深深為她著迷。但結婚以後，看著一邊工作、一邊育兒，兩件事都不輕易放棄的太太，不僅不感到心疼，還對她生氣。英浩覺得太太不關心自己，太過自我了。他的心理為什麼會產生這樣的變化？

英浩從小就北上念書，使得他必須提早與父母分開，並且過著寄人籬下的生活，內心因此有巨大的孤獨感。長大成人後，因為失去生活意義與方向，形成心裡的混亂。他將這些巨大的空虛匱乏原封不動強加在太太身上，種下更大的摩擦與痛苦因子。曾著迷於太太的真實面貌的他，從某一天開始，要求太太依照他的期望生活，就如他的父母強加於他的行為。

英浩很努力的配合父母的期望，太太卻沒有配合他。夫妻倆在進行第三次諮詢後，即中斷諮詢了。剛開始，英浩認為夫妻問題的起因來自於太太，是太太該做出改變。兩人於諮詢之後，卻毫無所得。此案例已過了五年，不知他們後續為何？英浩遇見一位符合自我期待的對象，過著幸福的生活了嗎？他內心的缺乏感，透過他人的幫助而解決了嗎？

1. 透過人際關係來填補內心的缺乏，與對生活的不滿。

2. 彼此的關係變得親近後，反而遺忘對方是與「我」不同的獨立個體。

3. 愈是親近，對另一半產生愈多無法實現的期望，要求對方依照自我期待而行動。若對方未能符合期待，則會感到非常痛苦與委屈，而將自己視為受害者。對方則是加害者。

4. 希望對方能夠理解自己，即使本人未開口，對方也能懂。

5. 持著一個不對等的標準，完全不管對方真正想要的是什麼。

第 **3** 章
控制者與被控制者

●

不可思議的是，隨著時光流逝，

男朋友說的話竟然完全取代了美珍的想法，

更控制了她的情感。

●

「我男朋友不懂得如何調解情緒，是否有方法能改善呢？不過，我自己也有問題，我總是惹男朋友生氣。我和他都希望關係能有所改善，所以才來諮詢。」

受到情人暴力的美珍，與男朋友一起來到諮詢室，難以啟齒的展開了話題。最初，男生的暴力行為僅止於高聲大喊、破口大罵，最近演變為對美珍潑水洩恨，還大力推倒美珍，使美珍的頭部受傷。男生的說法是，因為無法忍受美珍無視於他的行為，雖然自己也有錯，但他主張，如果美珍不先刺激他，就不會變成這樣了。他說美珍的個性本來就比較畏縮，對她大喊一次就一副病

懨懨的樣子。我讓男生暫時先離開諮詢室，單獨與美珍聊聊。我發現美珍的心境很複雜。美珍很愛她的男朋友，然而這份愛裡，涵蓋著憐憫、恐懼與憤怒等錯綜複雜的情感。

被「連結感」鐐銬的情感枷鎖

我感到很意外——美珍抱持著一種罪惡感，她認為自己是助長男朋友暴力傾向的原因。美珍知道男朋友從小就因為爸爸的暴力，受到許多傷害，每當他出現暴力行為時，美珍心裡總會想著：「我又觸碰到他的傷口了，我應該要更理解他才對！」後來才發現，每次吵完架之後，她男朋友都會說：「我很可恥吧？和我爸爸一樣！連妳也看不起我嗎？」「別再辯解了，妳明知道我聽到那些話會有什麼反應，為什麼妳一直讓我變成壞人！」

男朋友常將自己發脾氣的罪過歸咎於美珍。最初，美珍聽到那些話，覺得不可理喻，會反駁對方。但男朋友也會針對那一句句反駁的話咬著不放，直到美珍說不出話來。美珍感到心裡受傷，久而久之就選擇不說話了。男友火爆的脾氣折磨著美珍，就算選擇冷靜不語，也實在是難以承受。美珍曾經在非出自真心的情況下，對男友說過：「是我對不起你。」

起初，當男朋友聽到這句話之後，情緒確實有減緩一些，然而隨著時間流逝，男生的態度則是愈變愈烈，像是對著美珍大喊

著：「對不起？妳這樣像是一個知道對不起的人嗎？」而強迫對方屈服於自己之下。不可思議的是，男友說出的字字句句，竟取代了美珍的想法與情感。當兩人的關係不好的時候，美珍會「自動」覺得是自己造成的。不管發生什麼事，美珍的責任感、罪惡感與服從感愈擴愈大，兩人的關係愈來愈糟，而男朋友的暴力行為更是變本加厲。

兩個相愛的人互相靠近時，在他們之間會產生一條連結線。這條線由「情感」組成——它有可能是愛情、親密感等好的情緒，亦可能是害怕、罪惡感、嫉妒、討厭等壞的情緒。理所當然，大部分的情感線混雜了上述兩種。情感線具有極高的韌性，愈想切斷它，愈不易切斷。這條線存在愈久，就愈不易斷，反而更是糾結在一起。一段古老的故事——戈耳狄俄斯之結（Gordian Knot），講述在佛里吉亞的舊都戈爾狄烏姆，有一輛戈耳狄俄斯的戰車。戰車被一條鍊子綑綁著。傳說，將其解開的人就能征服亞洲，但因繩結過於複雜，無人成功過。亞歷山大大帝聽聞來到，便毫不猶豫的拔劍將其結劈為兩半。被情感捆綁的人際關係，宛如戈耳狄俄斯之結，這個結象徵著「必須使用大膽的方法，才能解開的問題」。某些人際關係一旦錯失良機，就會發生愈想解開愈糾纏的情形，如不將其切斷，必定無法回復原貌。切斷這條線的痛苦，確實超越忍受這條線帶來的痛苦，這也是惡習能夠存續的原因。

　　美珍的情侶關係就是這種情況。起初以好的情緒為出發點，兩人締結一段關係。但在關係中，一點一點加入不好的情緒，不知從何時開始，情況變得複雜到無法解開了，並演變成垂直性的關係：控制的一方，和被控制的另一方。在成人的人際關係裡，健康關係的維繫，重點要素是「水平性與相互性」。任誰都會期待著一段好的人際關係，卻無能為力治癒一段扭曲的關係，使其變成健康的關係，其原因並非僅是愛意深淺和努力多少的問題。重點在於兩人變得靠近時，是否能互相理解對方的世界，與彼此尊重的程度。

說實話，互相不親近的人際關係不太會有問題，問題是出在親近的人們之間。單從外面觀看，我們無法真正了解一段關係的內在。外表看似親密，但內部已千瘡百孔的關係，在現實生活中不計其數。而且，即使這段關係已讓雙方兩敗俱傷，彼此依然脫離不了，為什麼？因為這當中夾雜著許多情感，就像用一個隱形的手銬或枷鎖將兩人的情感綁在一起，導致他們再怎麼痛苦，卻愈陷愈深至脫離不了，所以稱為「情感枷鎖」。

　　這世上沒有絕對水平性的關係。天秤通常會因力量不均或外在條件差異等因素，偏向某一邊。在韓國的群體主義及階級主義社會裡，根深柢固的職場文化、先後輩分、父母子女關係裡，特別容易受到心理壓迫。即使如此，在一段成人的人際關係裡，若因單方持續不當的要求而糾結，就不需要維繫這段關係。不過，一旦產生情感枷鎖，我們的腦袋雖然知道必須整理掉這段關係、保持適當距離，但心意卻難以執行。即使有第三人指出這段關係的問題，像是誰正被誰拖著走，但兩人早已被情感枷鎖緊緊捆綁而無計可施。隨著男友變本加厲的暴力行為，美珍也沒想過要分手，只相信在兩人一起努力後，關係會變得更好。然而實際上也只有自己在努力而已，這番努力的另一面則是不斷的忍耐與自我壓抑。

● 你曾被情感枷鎖綑綁住嗎？ ●

你曾有過這種關係嗎？你腦中有出現誰的名字嗎？試著回答下列兩個問題。

1. 在與對方的親密關係裡，你總是無法表達主見、無法決定任何事，被對方拉著走的感覺？

   是☐   不是☐

2. 覺得維持與對方的關係很辛苦，但每當感受到這份辛苦，卻又困於無法整頓這段關係，於是就這麼拖延著？

   是☐   不是☐

以上兩個問題，只要其中一題的回答「是」，代表你現在正困於情感枷鎖中。

常見的情感枷鎖

　　情感枷鎖主要由「常見的恐懼」、「過度的責任感」與「病態的罪惡感」這三種情感所構成；並以這三種負面情感為中心，交雜出其他不同的情感。

第一個形成情感枷鎖的因素是「恐懼」。只要一方不斷灌輸威脅的情感，另一方就會持續的感到害怕。事實上，多數表現威脅的一方，其根源亦出自於恐懼，害怕對方離開自己，而以不同的型態來表現他們的害怕。愈是愛對方、愈依靠對方的時候，只要兩人的關係有任何一點疏遠，就極為容易引發精神上的恐懼。這種恐懼隨著個人特質，可能產生順應對方的態度，或是利用強求、欲求對方的方式，以確認兩人之間的連結感。某一方若知道對方恐懼的心理，可能會以「分手！」「無法在一起了！」等言語威脅對方，或以冷淡的表情、持續的沉默來操控對方，使對方屈服於自己。最後，形成一段「威脅與順應」逆功能性的人際關係。不單是語言上的威脅，若對方不乖乖就範，就用武力解決。當暴力第一次出現時，當事人因恐懼而不敢抵抗，終究屈服於對方，這段關係此後將難以改正，並容易產生一種無力感。

　　第二個形成情感枷鎖的因素是「過度的責任感」。美珍曾好幾次想要和男朋友提分手。這時，美珍腦中就會浮現「連我都拋棄他的話，這個人就沒救了」的想法，讓美珍無法真的那麼做。人的情緒時時刻刻都在變化，一段好的關係，其實不能單靠「好的情緒」來維繫。我們還需要什麼呢？互相的健康責任感。並非所有的責任感都是好的，除了無責任感之外，僅次於它的還有一種病態的責任感──「過度的責任感」。

健康的責任感，是對自己的人生與角色負責。「過度的責任感」指過度將對方變成自己的責任。對方不舒服的情感、該解決的問題、對方該如何擁有更好的人生，堅持認為對方的任何事都需要倚靠自己的幫忙。具有過度責任感的人，會將自己的事情擺在後面，集中所有心力在改善別人的心情，和親自幫別人解決問題、為別人打造更好的生活。當別人逐漸依賴自己之後，所有心力也消耗殆盡了。不管其意圖是好或壞，這段關係終將走向失衡。過度的責任感，最常發生於父母與子女的關係裡，但也會出現在戀人、朋友、師徒之間。在你的周遭，是否有人明明是個成人，卻無法獨立生活？仔細觀察一下，那些具有過度責任感的人們，就在他們身旁。這些依賴別人過活的人們，除了自己有問題之外，他們身邊那些具有過度責任感的人也有問題。依賴者與責任過度者相互依存。

　　第三個形成情感枷鎖的因素是「病態的罪惡感」。健康的成人會因為自己的行為過錯感到抱歉、產生罪惡感。病態的罪惡感是指人們在一段關係裡，將任何產生的摩擦與問題歸咎於自己。或者，在無法歸咎於誰錯誰對的情況下，將所有問題都視為自己的錯。他們常以「我太敏感」、「我太自私」、「我沒能力」，評斷事情都是因為自己的錯誤而生。健康的罪惡感是對自己的錯誤行為感到抱歉；病態的罪惡感則給人一種「我這個人天生就是個錯誤」的錯覺。例如：從外表上看來，他們

似乎是對某個想法或行為感到自責，實際上，他們打從心底認定「我」這個人就是問題的根源。這種罪惡感會讓他們無法確實自我改善、真心的向對方道歉。

　　過度自責後，他們可能會選擇在對方面前放低姿態；或藉由不適當的語言暴力，試圖使自己擺脫罪惡感。儘管不知錯在何處，卻先開口說「對不起」，或是沒頭沒腦的做出一些不合邏輯的行為。以一個媽媽在對孩子發完脾氣後的反應為例，媽媽在孩子犯錯、對孩子發完一頓脾氣後，卻將這一切歸咎於自己的錯，而產生上述所謂病態的罪惡感。最後她可能會哭著握住孩子的手，跟孩子說：「媽媽錯了！」、「你沒有錯，是媽媽壞！」以類似的話語來緩解自己的情緒，或者表現出與生氣時相反的立場，爽快的答應買玩具給孩子，藉此減輕自己的罪惡感。然而，媽媽的反差態度，只會讓孩子感到更加混淆。

情感控制者與情感被控制者

　　一個人會陷入情感枷鎖，並非只是個人單方面的問題。會形成情感枷鎖，需要兩個人——容易被情感枷鎖困住的人，以及對他施加情感枷鎖的人。事實上，情感的流動宛如病毒般，具有強大的感染力。當我們與快樂的人在一起，心情當然愉悅；若與憂鬱的人在一起，心情則會莫名低落，對方的情感會不自覺的滲透

到我們的身體裡。但每個人的情感傳遞力不同，有人會強力散播自己的情感給他人，也有人不容易顯露情感且不受影響。此外，每個人的情感免疫力不同，有些人易被他人情緒所感染，有些人則相反。這是因為在人的自我裡，有一個扮演「情感過濾器」的心理界限。很容易受他人情感影響的人，他們的過濾器過於鬆散，不易被感染的人則是過濾器太緊密。

常利用負面情緒綑綁對方至不得動彈的人，稱作「情感控制者」。其實這種傾向的人大多是無意識的，他們不會從一開始就把這種特質表露於外。他們在其他人眼中的形象，最初可能親切和善，但相處一段時間之後，他們就會慢慢顯現出自己的控制欲望與獨裁思想，強求他人跟隨自己的主張與想法。他們在剛見面時可能就會說：「你跟我之前遇到的人不一樣」、「沒有比你更好的人了」、「我們真的很合耶」、「我會對你負責的」、「你在我身邊，我就會有力量」等等甜言蜜語，表現出特別的關心和照顧，讓對方感覺自己是一個特別的人。然而這類的甜言蜜語和體貼不會持續太久。對方開始產生暈頭轉向的感覺，實際上就是被操控的感覺，看似普通的投降，其實情感控制者是在利用投降來控制對方。有時說好話、有時威脅，有時利用參雜著淚水的訴苦，持續要求對方遵照自己的意思。

這種模式常見於夫妻或親子關係之中。情感控制者不尊重對方的自主性，而且他們無法忍受對方脫離於自己的掌控。當情感

控制者是父母時，通常會聽到他們說：「都是因為你，讓我快受不了了！」、「你想看看誰先死嗎？」、「我對你做的就只有這些嗎？」、「我辛苦養你，你怎麼能這樣對我！」另一方面，如果是由孩子操控父母的情感，他們會說：「你幫我做過哪些事？連一點都沒有！」、「我真的是你們懷胎十月的孩子嗎？」、「你們生我，就是為了要我做這些事嗎？」不管是哪一方的情感控制者，都是抓住對方的弱點，可能顯於外或以隱蔽的方式，依自己的意思控制對方的情感。

這時，會有人疑惑，在任何一種關係裡，我們多少都會有這些程度的爭吵，不是嗎？的確，任何人在生氣時，的確都可能為對方帶來傷害。然而，情感控制者與一般人的表現確實大不同。他們最大的特徵，是將自己犯的錯和問題轉嫁到對方身上，使對方懷疑自己，變成對方的錯。

在一般的人際關係裡，爭吵會是一次性與一時性的。人們回想當時的情況，會發覺自己把話說得太重而感到心裡不舒服和愧疚。相反的，情感控制者卻不這麼認為。他們不懂得猜測別人的心理，單方面將自我的情感強加在別人身上。他們期望的是支配他人，非理解他人。從頭到尾，他們一直認為關係的衝突是對方的責任，自以為是受傷的一方。因此，他們執意於遵循自我意識，而將對方的情感掌控在手中。此現象稱為「投射性認同」（projective identification）。一般來說，投射（projective）是指「將自己難

以接受的情感問題轉嫁成對方的錯誤」。

而「投射性認同」則是指「使自己的情感或問題，以引導和操控的方式，讓對方認為是他的責任。使自己的情感問題變成對方的責任。」換句話說，就是「把自己的情感問題變成對方的責任。」將問題比喻為一顆球，「投射」是將球丟向對方；投射性認同是到對方身邊，將球交付對方的手中並讓他緊握住那顆球，導致對方不能張開手，而且對方除了接受以外，別無選擇。過程中，他們如同讀心術師，完美操縱對方的意圖與情感，使他人信服於自己，像是：「我知道你心裡一直無視我啊！」、「別說謊了，你就是喜歡看我生氣、不知所措的樣子！」如果沒有經歷過這種狀況，就無法了解他們的控制欲有多強大。

哪種人會被控制？

情感控制者的對象終究會漸漸感到疲憊。當情感控制者說：「我會生氣，都是因為你！是你讓我變成這樣的！」企圖將過錯歸咎於對方時，起初可能會遭到反駁：「這怎麼會是因為我？」但情感控制者不會就此退縮，他們進階使用「我因你而生氣的理由」向對方訴苦，強求對方認同他們的想法。假使對方還是不認同，就再次生氣大喊：「你為什麼不承認？」或是不言一語，將對方視為透明人，直到對方受不了，讓對方產

生「對！算我錯好了！」的心態。儘管如此，情感控制者不會就此罷休，他們要的不是道歉，也不是和解，而是讓對方產生無力感。

隨著時間流逝，對方會喪失自信心和自主性，並接受「我是讓對方生氣的人」的投射性認同。原本只是「算我錯好了」的心態，變成自己是「真正有錯的人」。對方一旦屈服後，情感控制者就會開始變本加厲。「你也和別人一樣傷害我」、「遇見你是我人生中的不幸」、「你是一個只顧自己、自私自利的人」，利用這些話語，無止盡的將過錯轉嫁於對方。像蜘蛛以蜘蛛網牢牢纏住落網的蝴蝶，情感控制者利用各種情感枷鎖綑綁他人，以自我期望的方式控制與支配對方，兩人的關係便形成垂直的關係。同時，情感控制者藉此脫離痛苦，獲得力量與成就感。

然而，被操控的人，由於無法倚靠自己的力量脫離情感控制者的操縱，並對此感到疲憊。所以每次只要一捲入情感漩渦，即使厭煩，也分不清到底是誰的問題或錯誤時，就當作是自己的問題。美珍和男友的關係即為典型的案例。雖然美珍覺得好像哪裡不對勁，產生模糊不清的情緒，但她卻認為這些問題都是自找的，陷入對他人的罪惡感和恐懼的思惟裡。另外，情感控制者不僅是單方猛烈攻擊和批判對方，他們還會安慰那些被他們控制的人，給對方希望。如果對方真的太過痛苦，他們就哄哄對方，甚至向對方道歉。假設對方乖乖聽話，就說一點甜言蜜語和送禮物當補

償。這時，被控制者會錯把補償當愛意，深信這是情感控制者正在改變的證明，抱持著「只要我努力，我們的關係就會變好」的希望。當然，幻想很快就會破滅。那麼，情感控制者可以操縱所有人的情感嗎？當然不能。儘管是一位技術高超的催眠師，也不可能催眠所有人。催眠感受度高的人，方能進入催眠狀態。在人際關係裡，也是一樣的道理。例如：常嘮叨的人與常被嘮叨的人、加害人與被害人、情感控制者與情感易被控制者，兩者是互相綁在一起的。

自我的心理界限較鬆散的人們，即是自我世界未能健全的人。他們不懂得如何過濾他人的情感、表達自我主張，所以他們會原封不動的接受對方的想法，成為情感被控制者。基本上，情感控制者能本能的辨識出心理界限鬆散的人，並操控這些人。但如果對方是心理界限健康的人，就不易被操控。一開始雖然沒有發覺對方是情感控制者，但當心理界限健康的人發現問題後，即可自行排解和斷絕持續衍生的問題。

情感控制者擁有一個僵硬且封閉的心理界限，故不太受對方情感所影響。但是，被控制者的心理界限因較鬆散開放，很輕易的吸收對方的情感，甚至將控制者的控制與干涉視為關心與愛意。儘管事後會發覺自己被控制的事實，但在被情感枷鎖綑綁的狀態下，已無能分辨哪些是對方的問題、哪些是自己的問題。就像我們能夠分辨得出油與水，但若各種顏料全部混進水裡，就無

法看出來了。結果，大多數人選擇抱持著只要忍受和努力就會變好的希望，形成隸屬的人際關係。

令人驚訝的是，一部分的被控制者即使被剝削，還是會選擇繼續維持關係，因為維持下去比斷絕關係讓他們感到更安心。藉由他們這種有總比沒有好的心態，我們可以窺探出人類是天生的社會性動物。

第 **4** 章

什麼是心理界限？

•

心理界限須充分堅固於保護自己之外，

同時也要能開放的與他人親密交流。

•

　　過度親切的書妍、具有強烈人際關係擁有欲望的英浩、施暴的男友及無法脫離他的美珍，這四個人的樣貌雖然不同，但其共同特徵是區分你我的警戒線混亂，導致無法締結水平的人際關係。換句話說，他們的人際關係失去平衡與自我，只剩單方的關係。

　　他們為什麼無法締結一段健康的人際關係，為什麼在關係之中失去了平衡？這是因為他們用來調節平衡的心理界限未能完整發展。接下來，我們需要正式的了解心理界限的形成與功能為何。

自我的束縛

　　讓我們從心理界限的概念開始說明。心理界限是指在「人際關係」中，表現自我的工具，它既是與他人接觸的警戒線也是唯一交流的通道。若以身體來比喻，略等同於皮膚。我們的皮膚占總體重的 15 ～ 20％，面積大約為 1.7 平方公尺，並存在五百萬條以上的神經線。透過神經線，傳導各種感覺，如：冰冷、溫暖、發癢、痛感等等。皮膚是一道警戒線，讓我們可以得知外界的各種狀況。此外，人還有一種警戒線，稱作「所有性的警戒線」。舉例來說，像是「我的東西」、「我的汽車」、「我的家」等等。萬一有人不說一聲就拿走你的東西，或是拿石頭砸你的車、不經允許進入你的家，你會怎樣呢？絕對不會袖手旁觀吧！

　　存在於自我的那條警戒線，就是心理界限。因心理界限的存在，我們可以區分我與對方的想法、我與對方的興趣、我與對方的情感、我與對方的欲望等等，就是「我」與「對方」的差異。但是，生病的心理界限，無法發揮明確區分的功能。本以為是自己的想法，實際上卻是他人的想法；或者，曾感覺是自己的欲望，其實是愛我的人灌輸在我身上的欲望。會產生這樣的現象，源自於人類是一種社會性動物。為了對抗社會環境的影響，「心理界限」讓我們維持自我的心理型態，更是我們生存的動力。

《菜根譚》寫道：「海味不鹹。」意為食用海產生鮮，感受不到鹹味。當我們吃生魚片的時候，不會覺得嚐到鹹味。長在海裡的生鮮，為什麼會不鹹？因為海洋生物的細胞膜上，有將一定濃度以上的鹽分排出體外的功能。這道理就像在低窪地區建造的建築物，會設置調節馬達，以防止淹水。

　　不只是海洋生物，生命的最基本單位──細胞，皆有維持樣貌與型態，以及調節內外物質移動的細胞膜。細胞膜存在於細胞之間，物質不斷在細胞內外移動。如滲透及擴散原理，液體隨著濃度差異而移動；細胞膜上也有個類似排水功能的馬達，隨濃度差異，自動發生逆行的移動。萬一有害或不需要的物質無法透過自動輸送將其排出，細胞則將死亡。

　　細胞膜，在這個半開放的圍籬裡，存在著抽取細胞活動需要的物質，並排出不需要物質的馬達。多虧了這個馬達保護我們的身體，使得生命能夠延續和運作。在生命維持個體，並與外部環境接觸的同時，亦為環境的依存體。

　　自我的心理界限，其功能類似細胞膜。幼年期的心理界限因尚未完整發展，像是掉進水裡的衛生紙，會全面吸收環境帶來的影響。隨著年紀增長，慢慢形成自我後，心理界限就可自行啟動，不會單方面接受他人的想法、情感、欲望、價值觀等等。心理界限將所有事物分為接受與不接受，扮演過濾器的角色。

　　不過，心理界限愈堅實，不一定就愈好。對人類而言，自

我保護固然重要，互相交流的功能亦不容忽視。心理界限除了堅固的保護自己之外，還要能開放的與他人親密交流——須具有彈性。「既堅固又開放」，聽起來並不簡單。

心理界限的功能

在保護自我之餘，又能和外部交流的通道，就是「心理界限」。以下再將心理界限的功能細分為三項：

一、「辨別自他」（self-other discrimination）。簡單來說，就是區分「自我」與「非自我」。除了物理上分辨外部對象與自己，更包含對應關係裡，自己的想法、欲望、情感、擁有、角色和責任等等自覺性的區分。小孩子沒有辨別自他的能力，所以分不清「我的」和「他的」，可能造成他們在商店裡未付錢就帶走物品，或者不說一聲就拿走朋友玩具的情形。未滿五歲的孩子，還未能意識到我與對方的想法和經驗不同，不知道對方與我是擁有不同心靈的獨立個體。他們以為，我喜歡的東西就是對方喜歡的，我知道的事情對方也知道。此現象稱為「自我中心」（egocentricity）。這份無法區分你我的未成熟情感，是這年紀的孩子常有的特質。

可是，成人與小孩不同。期待我喜歡的也是對方喜歡的、我和對方的想法應該一致、認為就算沒說出口對方也會懂我的心，

這些是成人應有的特性嗎？心理界限健康的成人，基本上會將對方視為「擁有不同心靈的獨立個體」。然而，即使是一個心理界限健康的成人，當關係愈親密的時候，也會容易混淆。當心理界限崩塌，會預期對方和我應有相同想法，並遵照我的意識行動，這就是人際關係會變得辛苦的最大原因。

二、「自我保護」（self-protection）。我們必須從外部開始保護自己，才能讓身心隔絕外部，保存原有型態。動物都有自己的空間領域，當有外來陌生的個體未經允許侵入，牠們會立即轉換成防禦與攻擊的姿態。人類也一樣。健康的自我心理界限具有「危險感應器」，當危險來臨時，警報會響起。感應器太過於靈敏或遲鈍都是不妥的。環境如果不危險，心理界限必須開放；遭遇危險、警報響起後，應將心理界限關閉。

三、「互相交流」（mutual interchange）。此一功能與「自我保護」同等重要。人類建造房子的時候，不會只有圍牆，也會留一道門，給自己和他人進出使用。交流並不是能選擇要或不要的事；假如一個人不與外界交流，則意味著一個人的死亡。當一個人被孤立，且不能與他人建立關係，從社會性的角度來看，和死亡沒兩樣。當然，我們需要根據不同的對象，而有不同程度的開放；不好的就不要接受，好的就接受，這就是心理界限存在的積極目的。

廣義來說，心理界限還有一個功能——「自我表現」。一個人的髮型和服裝會表現出他的性格，在關係之中，我們所顯現出

的表情、語氣、動作和姿勢等等，能反映出我們對另一方的內心想法和情感。心理界限健康的人會反映內心狀態並表現在外；心理界限不健康的人，外在表現則會違背其內心狀態。比如，明明因為朋友失約而生氣，卻在對方面前笑著說：「沒關係啊，這也是有可能發生的事。」

當心理界限出問題：模糊或僵化

當「自我的細胞膜」、上述所說的心理界限出了問題，該怎麼辦？簡單來說，就像是房子的圍籬倒塌了。這時，人際關係就會浮現許多問題與困境。如果你不能區分自我與非自我、無法保護自己、甚至產生相互交流的困難，代表並非單純是親近的人際關係崩塌了。心理界限出問題時，異狀會在日常生活中，以各種樣貌顯露出來。心理界限模糊不清的人，在職場上不能區分「我的事」與「你的事」，他們可能理所當然的將個人的家庭事務交付給下屬，並不認為有何不妥。

還有一些人則是對於上司指示的事情，未經確認就都當作自己的事。當然，並不是每一件事都可明確追究是「我的事」還是「你的事」，因為工作中的許多事情，可能無法完全歸咎於誰的責任。例如：公司人力不足時，即使是非自己責任範圍的事，也須由全體員工彼此「分擔」業務，才是最佳解。可是，當有棘手

的事情，必須大家協力解決時，你卻要自己一肩扛起，則代表你的心理界限出問題了。

心理界限的異常現象可簡略分成兩種：一為無法分辨他與我，且保護不了自己的「模糊的心理界限」（vague boundary）；二為其相反的情況，是導致人際交流困難與封閉的「僵化的心理界限」（rigid boundary）。如果自我的心理界限模糊不清，會發生什麼事呢？假想一個國家的國境線不明確且模糊，鄰近國家間，將不斷的為國境產生紛爭。一個人的心理界限等同於一國的國境線。若警戒線模糊不清，自我的世界將處於弱勢，易隨外部環境而動搖。除了隨意放任自我生活，過於干涉他人的生活亦是個問題。

反之，如果心理界限僵化，又會如何？如此將無法與人交流，將自己關在自我世界中。於是，他們只知道自己的想法與感覺，而未能考量到他人情感與見解。由於他們過度的防禦或強勢的自我主張，使得他們與人建立關係之後，亦無法引起任何交流。

以營養失調與肥胖都是一種病症為喻，同理可證，人際關係的健康亦須從兩面來探討。因無法自我保護而以干涉對方來補足，這是一個問題；相反的，因過於自我保護而不能相互交流，也是一個問題。

心理界限失衡的悲劇：愛可與納西瑟斯

··

　　在希臘神話裡正好有一篇故事可清楚說明心理界限的問題。這是古代羅馬詩人奧維德（Ovid，B.C.43-A.C.17/18）在其代表作品《變形記》（*Metamorphoseon libri*）裡所寫，關於愛可（Echo）與納西瑟斯（Narcissus）的故事。

　　在這世上，會有哪一名男子比任何女子都貌美嗎？在神話故事裡，這位魅力四射的男子，名為「納西瑟斯」。他如雕刻般精緻的外貌閃耀奪目，任何女子一見到他，就會對他一見鐘情，甚至同性與妖精也無一倖免。然而，他卻誰也不愛。「自戀症」（Narcissism）一詞即源自納西瑟斯的故事，意指各種「自戀」的心理和行為。妖精愛可也對納西瑟斯一見鐘情。然而就如她的名字Echo 是「回音」之意，愛可無法主動跟人講話，要等別人先開口後，才能跟著回應。她只能愣愣的在遠方眺望著心愛的納西瑟斯。（根據奧維德的描述，愛可本來是一個不聽他人說話，只顧著自己說個不停的愛說話鬼，最後惹怒了天后希拉而失去聲音。而「失去聲音」亦為一種自我不復存在的譬喻。）

　　愛可能夠說話的時機，是回應納西瑟斯打獵時發出的聲音。她多麼想對納西瑟斯說「我愛你！」但是，納西瑟斯卻一次都沒聽見她的聲音，更不知道愛可的存在。因愛而瘋狂的心情愈演愈烈，愛可最終受不了了，她衝出去緊緊抱住納西瑟斯。遺憾的是

納西瑟斯根本不可能看上愛可，他用冷酷的表情和態度推開愛可。受到冷漠拒絕的愛可覺得羞恥，躲進洞窟裡，陷於失落情緒中，使得她愈來愈消瘦，終至形體消失，最後僅剩下聲音，成了真正的回音。自戀的納西瑟斯，其命運果然也是以悲劇收尾。他無止境的看著泉中反映自己的倒影而死去，在他死亡之地開出的花朵，即為水仙花。

　　納西瑟斯陷於自我之中，愛可則是在失去自我的狀態中迷戀他人。這兩位故事的主角都表現出自我與關係失衡的「熱衷自我」與「熱衷他人」的極端案例。納西瑟斯不懂何謂「我們」，擁有封閉且僵化的心理界限；愛可則是無法形成自我，她的心理界限模糊不清且須依附關係才能產生。這兩個人的命運皆以悲劇收場。自我與關係失衡的人們，絕對無法好好生活，這說明了平衡的重要性。

　　把這個故事放在二十一世紀，可以傳達什麼訊息？如〈我最棒〉[2]這首歌曲，代表這世代是一個名副其實「熱衷自我」的世代。每一個家庭皆以孩子為重心，孩子在一個父母與世界因他們而存在的環境下，長大成人。就像古代長久以來都認為天體是以地球為中心旋轉，是一個自戀的世代，那麼該如何找回自我與關係的平衡呢？

---

[2] *I'm The Best*，為韓國女子團體 2NE1 的代表歌曲，網路上多翻譯為〈我最棒〉或〈我最紅〉。

1. 建立心理界限是自私的行為？

自我保護不代表封閉和自私。在不能自我保護的狀態下締結一段人際關係，不顧自己去照顧他人，是未成熟的表現。健康的關係意指能照顧自己又能與他人親近的關係。

2. 心理界限不應有變化？

心理界限並非固定不變，健康的心理界限是具有柔軟性的。會根據對象及親密度的不同，而有所變化。儘管展開了一段很好的人際關係，但若對方持續反覆做出令人不信任的行為，我們的心理界限也應當要隨時調節改善。對人信任到底，或打從一開始就因不喜歡而刻意保持距離，都是不健康的行為。

3. 人際關係是不會改變的？

幼年時期形成的依戀是心理界限的基底，但成長過程中各種關係的建立，也會慢慢讓心理界限變得健康；反之，亦有可能變得模糊不清或僵化。小時候的經驗雖然對心理界限的形成有很大的影響，但長大成人後，透過自覺與練習，亦可重建自己的心理界限。過程不容易，但心理界限變得健康，人際關係亦能有所變化。

4. 彼此愈靠近，心理界限必會被侵蝕？

擁有一段親密的關係，必定會侵蝕彼此的關係圍牆。這句話雖有一定的道理，但即使彼此警戒的圍牆被侵蝕了，區分我與對方、和保護自我的心理界限很難也被一併侵蝕。所謂的親密，不代表彼此的心理界限要更開放甚至消失，而警戒線逐漸消失，也不等同於更加親密。對方是再親密的人，也有不該說的話、不該問的事情，以及應尊重對方的時候。缺少分辨能力的親密感才是危險的。若心理界限消失，將不能尊重對方的個別性，並容易出現任意對待的行為。比如毫不保留的、互相坦承生活一切的夫妻，即為好的夫妻關係嗎？時時刻刻膩在一起就是最好的嗎？當然不是。好的夫妻關係應包含「我、你、我們」之間的調和，不管何時何地，能維持平衡才是好關係，而越線的行為，都將成為關係之害。

5. 心理界限健康的人，其自我主張一定很強？

這只對了一半。在社會關係中，自我主張要夠強，但在家人朋友之間，「客觀的」（non-judgemental）態度才是最重要的。相較於表現自我主張，懂得學習沉默、了解何為輸贏、給予讓步，這才是對的。換句話說，不要太過表明自我立場、指出誰的錯誤，或將情感據實以告，而能安靜聆聽對方的故事，能反應對方的心情更重要。心理界限健康的人，除了自我主張很強以外，更懂得溫暖對方的心。

第 5 章
如何形成心理界限

●

孩子脫離共生關係後，會戰勝恐懼、

孤獨與無力感，最後形成自己的世界。

●

　　人類寶寶誕生的過程是什麼？一般情況下，從孕期最後一週的第一天開始，大約經過兩百八十日，滿四十週後誕生。而在三十七週以前出生，稱為早產；超過四十二週出生，則為過期妊娠。三十七週以前出生的孩子，是未熟兒；超過四十二週出生的孩子，是過熟兒。妊娠週數愈短，胎兒出生的危險性更高，在發育上容易有問題。在未能完全發育的狀態下出生，嬰兒可能必須放置於保溫箱裡照顧。而如果嬰兒在媽媽的肚子裡待更久一點，就能發育更完整嗎？但其實過熟的嬰兒亦會產生各種問題。超過四十週後，胎盤的功能萎縮，導致子宮內的環境漸漸惡化，無法供給足

夠的氧氣與養分。因此，生命誕生的關鍵就是時間點。

嬰兒出生的心理學

    自我的心理界限當然與自我發育及其軌道有關。形成「自我」，等同於形成擁有自我型態的心理界限。自我何時誕生？從新生兒誕生的那一刻起，就有自我了嗎？如果是出生後才形成自我的話，由什麼徵兆發現「自我的形成」？

    嬰兒來到這世上的第一瞬間，臍帶被剪斷，孩子與媽媽分離了。此時嬰兒仍無法分辨自己與他人。尚未產生自我意識的嬰兒會先從感官和運動神經開始發育，了解身體與身體外的警戒線，因為區分我和外部的「身體警戒線」（physical boundary）會先發育。而能夠以空間概念，區分我與外部的腦領域，稱為「定位關係區」（orientation association area，OAA）。此領域位於大腦頂葉的後部。事實上，所謂靈魂出竅，問題就出在這個部位的功能減弱，而產生的身體警戒錯亂。至於心理上的警戒線，即「心理界限」，形成的時間比身體警戒線更晚一點。匈牙利神經分析學家瑪格麗特·馬勒（Margaret Mahler，1897－1985）將幼兒的自我發育過程整理為「分離—個體化」（separation-individuation）概念。也就是說，嬰兒誕生初期，精神上的功能原為一體，在成長的過程中逐漸與依戀對象分離，最後取得自我。

根據馬勒理論，此過程由各種階段組成。剛出生的前三個月稱作「自閉」階段，無法對刺激做出任何反應；三個月至一歲期間是「共生」（symbiosis）階段，無法分辨自己與他人。這階段的孩子會與依附對象之間有一段強烈的依戀關係。不過，在共生階段中，孩子會慢慢認知到自己與依附對象是不同的個體，隨之來到「分離—個體化」階段。馬勒指出，進入這個階段的時間點是在孩子滿六個月時，共生關係的緊密度達到高峰。「分離—個體化」階段就像是由雞蛋孵出小雞的過程，慢慢從共生的雞蛋脫殼而出，形成個體。

　　滿十二個月的孩子學會走路後，即正式進入個體化。在孩子取得獨立移動的能力後，開始認知到更多的個體存在。他們積極移動自己的身體，在周邊環境四處探險，試圖與依戀對象分離。但由於發育尚未成熟，對世界仍感到不安，在維持與照顧者共生關係的依戀需求，和想要自我體驗世界的探險需求之間產生摩擦，並會經歷一段混亂不安時期。此時期的孩子因好奇心與不安的情感交雜，產生矛盾的現象。和依戀對象在一起的時候，想要脫離他們；一旦脫離後，又想重新和他們在一起。孩子的心境瞬時變化，剛剛才緊黏著依戀對象，一下子又想離開。這個情形並非僅限於這時期的孩子。人類天生有「靠近就想遠離、遠離又想靠近」的特性，宛如刺蝟，天生註定要過著進退兩難的生活。本質上來說，「接近」與「迴避」兩種力量，就是人際關係的核心

衝突（core conflict）。

　　孩子脫離共生關係後，經歷所有的恐懼、孤獨及無力感，將
創造出屬於自己的世界。而這過程是不安定的，且具有變化性。
這是自我分化與獨立的必經過程。所以，此時的依戀對象非常重
要，必須有能力好好處理孩子混亂與矛盾的要求。不能以離開依
戀對象是一件危險的事情為由，硬是把孩子牢牢抓住；或者感情
用事將孩子推開，不讓他回到依戀對象身邊。如果孩子在探索的
過程中，感到不安而停止探索的話，應鼓勵孩子說：「沒關係，

媽媽（爸爸）在後面等你！」、「我們家寶貝在好奇什麼啊？」並對著回到身邊的孩子，開心的張開手臂說：「寶貝，來！」、「你發現什麼好玩的嗎？」經歷這個過程後，孩子即能在不失去自我與關係的平衡下，發展自律。自我分化不是區分「你我」的「斷絕性的分化」，而是將你我連結為「我們」的「連結性的分化」。

　　既然如此，我們該如何觀察到自我的出現呢？馬勒指出：以孩子滿三十個月後為基準，孩子此時會具備「物體恆常性」（object constancy）的想像，就算依戀對象不在孩子的視線範圍內，孩子依然可以想像自己與依戀對象在一起，感受到心理上的安慰，並暫時單獨一人處在某一空間裡的狀態。假設依戀對象是媽媽，孩子的內心裡已將媽媽的影像安定的放置在某一個地方。換句話說，之前的媽媽必須真實存在於孩子的視線範圍內，孩子的內心才得以安定；在物體恆常性的現象生成之後，媽媽的影像會刻畫在孩子的腦袋中，即使孩子暫時脫離媽媽身邊，還是能感受到同等的安慰，又稱為「自我撫慰的內射」（soothing introject）。

　　具備「物體恆常性」發展的孩子與不具備此發展能力的孩子，兩者差異甚大。前者於清醒狀態時，不需要媽媽全天陪伴，自己能夠擁有短暫的自主玩樂與思考時間。依照他們的自我欲望，自給自娛。因此，孩子的物體恆常性生成能力，雖尚未完全成熟，但代表他們具有三個重要的心理能力。一、「自我獨處能力」；二、為克服挫折與不安的「情緒調整能力」；三、以自我

欲望為基底的「創造自我世界的能力」。這三種能力完備的孩子，能擁有健康的物體恆常性想像。如果在一位成人身上未能看見這三種能力，則可推測其根深的物體恆常性發育不全。

物體恆常性不是一個抽象概念，它是由與依戀對象間的安慰與支持、擁抱與愛撫、溫暖的微笑與眼神接觸，以及玩樂的時光等等，一點一點累積於心中後，產生的記憶沉澱物。原本僅能看見眼前的事實與接收最直觀感受的幼兒，生活裡多了回憶及一個名為過去的時態。孩子由內心感受到物體恆常性的存在，且在需要它的時候，它就會出現。

假設依戀對象是媽媽，具有物體恆常性發展的孩子，眼前即使沒看到媽媽，仍能與照顧自己的媽媽心繫一起。媽媽不在的期間，想起媽媽說的話：「沒關係！媽媽在這裡！」還有媽媽歡樂的微笑模樣、她溫暖的手感，以及媽媽安撫受到驚嚇或不舒服的自己的模樣。孩子的物體恆常性是由填滿依戀欲望的「依戀經驗記憶」所組成的。多虧了內在化的依戀經驗，孩子才能減少一點不安，學會等待。

依戀損傷扭曲了幼兒發展

一位職業婦女因離婚問題，來到了諮詢室。她雖然想要離婚，卻沒辦法果斷做出離婚的決定。她沒有自信自己在離婚後可

以好好生活。原因不在於經濟問題，而是因為離婚這件事讓她覺得像是人生的失敗，而且身邊沒有人支持她離婚。她的親生媽媽依然在世，可是媽媽並不能安慰到她，反而讓她備受責難。媽媽原本不希望女兒和平凡的公務員結婚，但也不曾極力反對。媽媽對著即將結婚的女兒說出的最後一句話是：「妳喜歡的話，就去結啊，我能說什麼！但是我真的覺得女婿不怎麼樣。」結婚典禮上，媽媽擺著難看的表情坐在主婚席上。結婚一年左右，因夫妻吵架跑回娘家的女兒，果不期然聽媽媽脫口而出：「當初我怎麼說的！我就說那個人不適合你吧？我就知道會這樣。」媽媽發完脾氣，就說要跟朋友見面，然後直接出門了。女兒雖無太大的期待，但仍以為媽媽會給予一點安慰，她看見發火的媽媽後，無話可說，就默默的離開娘家。不知該往何處去的她，走著走著，坐在公園長椅上哭了。

其實，媽媽比任何人都要重視子女教育。高中畢業前，媽媽每天都開車接送她上下學，在她高中三年間，每天都比女兒晚睡早起。可是，媽媽總是先幫女兒分辨事情的對錯，卻沒能顧及女兒的心情。在女兒和最要好的閨蜜吵架時，還指責女兒說：「一定是你哪裡做錯了，朋友間才會這樣，不是嗎？」回想以前，媽媽從女兒還小的時候，就沒有接受過女兒的情感。「這有什麼好哭的！還哭！再哭的話，我就不理你了！」、「竟敢對媽媽發脾氣！是你說喜歡的啊！」每次女兒自己做選擇的時候，就經常聽

到類似的話。如果自己的選擇未能符合標準，媽媽的表情總是難堪不滿意。挑選衣服的時候，也是一樣的情況，媽媽會說：「這衣服好怪，哪裡好看？妳適合穿這種衣服才對！」對於女兒的情感、想法和興趣等等，從未說過哪裡不錯、很好。以至於女兒無法倚靠內在的經驗相信自己，只好懷疑自己：「這情況下，我該生氣嗎？」、「我選這個，是不是錯的？」

這位女性長大成人後，隨時都抱持這樣的疑問：「媽媽愛我嗎？」她知道媽媽投入許多的關心與努力在自己身上，但這真的是愛嗎？從小，媽媽說出的一些不適當的言語，累積成她自己內在的經驗，造成她做任何事都變得小心翼翼。

「這算是傷害嗎？」

相較於幼年時期真正經歷過不幸的人們，成長在富裕環境中，且在一個犧牲奉獻的媽媽照顧之下度過童年，這些挫折實在是不足掛齒。從小與照顧者的關係中，感受到依戀欲望的挫折，導致引起共感的失敗，這也算是一種傷害。這位女性與媽媽之間，沒有真實的連結感。

我們都可以認同，在人際關係裡，最需要的能力是「共感」能力。比起成人，孩子需要更多的共感。共感是安全依戀的形成與自我發育的奠基石。透過共感產生的真實連結感，能穩定持續產生，孩子方能發展健康的自我。換言之，如此即可形成健康運作、具保護與交流功能的心理界限。相反的，反覆的共感失敗，

將導致依戀損傷，以及自我發育扭曲。

　　健康的自我，意指孩子能分化出「我」、「你」和「我們」三個區塊，而非與照顧者完全分離。如前言所述，所謂的分化，不是「斷絕性的分化」，是「連結性的分化」。心理上要生成「我們」的概念，並不容易。兩人在一起的時間再長，都不一定能完全發育。心理上的「我們」不僅是第一人稱的多數代名詞，更代表「互相分享、相互主觀的心理空間」。相互主觀，照字義解釋，就是在親子關係裡，父母能感受到孩子的心理狀態，而孩子亦明確知道父母有感受到他的狀態，彼此產生一種「共享的心理領域」。以上述的女性為例，當女兒和好友爭吵而感到受傷的時候，媽媽如果能夠和孩子一起感受到相同的心靈創傷，並且回到孩子身邊，而孩子也能發現媽媽有共同受傷的感覺，就能稱為心理上的「我們」。不只是情感，在知覺、欲望以及想法上也是一樣的。生涯初段，孩子需和照顧者經歷共感過程後，才能生成物體恆常性與理解自我內心的通道。

　　孩子愈小，父母對共感的理解更為重要。因為孩子感到不舒服時，無法正確知道不舒服的感覺來自於哪裡，是因為尿布濕了？肚子餓了？身體不舒服？覺得悶？突然感到害怕？被電視聲音嚇到？太熱？還是全部加在一起？能夠辨別後，適當的回應小孩，是父母的職責。

　　父母若能了解孩子不舒服的感覺和孩子的需求，並協助解

決的話，孩子會恢復安定狀態，並且讓孩子認知到自己不舒服的原因。孩子在知道自己的情感與內在經驗後，就能與父母產生連結。

但若父母不能了解到孩子不舒服的來源，「我們」的這塊領域即會瀕臨危險，孩子也會難以學習如何理解自己的需求。依戀損傷是由共感失敗衍生而來的。不只有虐待或放任擱置等極端手段才是造成依戀損傷的元凶。對著一個因為覺得熱而哭泣的孩子，卻沒有找到原因，只是抱起他並哄著說：「我的寶貝！」並沒有幫助；當孩子說：「我喜歡這件衣服！」卻回應：「這件衣服哪裡好看？不要那件，穿這件！」；又或是當孩子說：「飛蛾好可怕！」卻將孩子推向飛蛾並說：「欸！飛蛾哪會可怕啊？」這些都可能是依戀損傷的根源。反覆經歷共感失敗的孩子，無法信任自己與勇敢表達自己的身體信號、情感、興趣和欲望，導致心理界限將發育不全。

全都是父母的問題嗎？

總而言之，以共感為基礎的安全性依戀，對孩子的自我與心理界限發展，扮演重要的角色。然而關於依戀的題目，一不小心就會讓依戀對象受到傷害。有一些父母聽到依戀的話題，會先覺得害怕、退縮，似乎會刺激父母們浮現不安的情緒與罪惡感。特

別是無法長時間和孩子相處的職場媽媽們，總是懷疑自己是否為一位好媽媽。即使已盡最大的努力來照顧孩子，仍深陷自我批判的泥淖。當孩子出現各種問題，一概將所有責任歸咎於自己。（許多學者的研究助長了此現象。舉例來說，一九四八年德國精神分析家弗莉達・佛洛姆—萊克曼〔Frieda Fromm-Reichmann，1889-1957〕主張精神分裂症的產生源自於父母，特別是媽媽的錯誤教育。因媽媽未能發掘孩子的需求與情感，造成單方的支配與干涉孩子。佛洛姆—萊克曼將其稱為「精神分裂基因型媽媽」（schizophrenogenic mother）。將許多的痛苦與罪惡感賦予在媽媽身上。如今，經由生物學因素的發現，已解開此種誤會。）

許多人認為孩子說話慢、產生嚴重的分離不安、朋友不能相處融洽等問題，起因於錯誤的家庭教育。這樣的責難，並不能促使媽媽建立起與孩子的良好關係，反而陷入惡性循環裡，認為自己是個壞媽媽，只能自我汙衊、讓自己被消磨殆盡。這樣是對的嗎？

眾人的錯誤觀念之一，即是將依戀的形成與損傷視為父母單方面的責任。可是，人際關係中產生的問題不會只因特定某一人的錯誤導致。依戀損傷亦不可能由單方的錯誤衍生而成。一個剛出生的嬰兒，看似什麼都不懂，什麼都不會。但對人類而言，依戀是一種生存能力，必須要努力學習，如：直視盯著看、模仿表情、悲傷的哭、歡樂的笑，以及拚命抓著不放等等。

由此可見，依戀的形成由雙向發生，依戀損傷亦是雙向的。

父母的養育態度固然重要，我們也不能忽視或無視每個孩子的個人特質。舉例來說，天生嚴重的認生感、知覺的敏感、過度的要賴、依賴的性格、特別固執的個性、極度的攻擊性等個人特質，與依戀損傷的造成具有極大的關連。兒童心理醫生夫妻檔亞歷山大・湯瑪斯（Alexander Thomas，1913-2003）和史特拉・卻斯（Stella Chess，1914-2007）於一九五六年至一九八四年進行的中段研究，以住在紐約的一百四十一名嬰兒為對象，其研究結果是孩子的個人特質可分為三種：安逸型小孩（easy child）、難養型小孩（difficult child）和慢熱型小孩（slow-to-warm-up child），各占比為 40%、10% 和 15%，剩下 35% 的孩子則是無法完全歸類於這三種之一。其中，難養型小孩一睡醒後，會立即哭鬧，他們的生物功能是不規則性與敵對性的，且他們需花更長的時間適應新的人物與環境，特別難照顧。雖然每位學者研究的數據有所不同，但至少 10% ～ 33% 的孩子則屬於不管父母怎麼養育，都是「挑剔難養的孩子」。然而，有一些孩子是不管由誰養育，大致能好好長大成人；有些孩子雖然各自受影響程度不同，但不管由誰來照顧，天生都是易受到依戀損傷的孩子。

固執的孩子與有不安傾向的孩子，天生容易產生依戀損傷。就算他們遇到一位平凡的媽媽，仍會因自我性向的關係，容易產生罪惡感與不安感。他們對於任何事情都要依照自己的方式來做，才能減輕自己的不安感，並耗盡所有力量不讓照顧者離開自

己的身邊。這樣的個人特質若未能即時糾正改善，在他們長大成人後，仍會於人際關係引發相似的問題。由於自我的不安感，造成他們會依自我方式來控制對方、贏過對方、依賴對方，或不信任對方。

對天生擁有不安傾向的孩子們來說，人際關係是一件特別吃力的事情。長大成人後，仍存有嚴重的認生感，害怕站在人前、在意對方每一個表情、對拒絕特別敏感，以及擔心和苦惱自己說過的每一句話。與人相處的每一件事都會形成極大壓力。若這樣的人成為一位教師，即使任職在一所問題學生不多的學校，仍會自然產生工作壓力。我們將其不安傾向與敏感性格視為依戀損傷的結果，不如說是依戀損傷的起因（分解多巴胺的酵素 COMT 基因或血清素運送體血清張力素轉運子基因 5-HTT 等，皆與過度的不安傾向有關）。依戀損傷的原因不能僅歸咎於父母，更從自身而來。

「恢復」依戀的重要性

近期心理學的相關議題多以依戀和自尊心為主題。因此，部分父母沉溺於「依戀精神官能症」和「自尊心精神官能症」的思惟。即使如此，韓國家庭仍以孩子為中心，致力於花費更多的時間陪伴孩子、付出更多的心血在孩子身上。其實，透過各種教養書和心理學書籍觀察到的父母模樣，特別是要求媽媽支持孩子、

與孩子之間引發情感上共鳴的程度，實際上，就像是在幻想照顧芭比娃娃般的不切實際。媽媽在一天之內，總是會有不得不對孩子大小聲的時候，所以，教養書裡的理想媽媽，令人感到遙不可及。

我反問自己，這本書是不是也會帶給大家這種感覺呢？我不知道。雖然我也強調共感的重要性，但是我並沒有說具有高共感能力、不發脾氣，就是很好的共感。父母也是人，特別是媽媽。這句話不是在安慰那些過度疲憊的照顧者，而是在傳遞一個訊息，大家對依戀的認知有誤。將「安全性依戀」與「不造成依戀損傷」劃上等號這個想法是對依戀有極大的誤解，任誰都要溫暖且聰穎的照顧者，無論怎麼防備依戀損傷的產生，亦不可能避免不傷害到孩子的依戀欲望。特別是新手媽媽，此類情形愈容易發生。想想，有誰天生就是一位媽媽呢？

因此，恢復依戀的能力，比不造成依戀損傷更為重要。依戀的能力，不是玻璃碗盤，一旦碎掉就不能恢復原貌了。不斷跌倒損傷的身體反而能變得更加茁壯。科技再發達，開發出各種智慧機器人，依然難以模仿人類的手繭。機器的復原力再好，雖然能夠修復原狀，卻無法像人類的手掌，歷經不斷壓迫摩擦而變厚長繭。

依戀能力的茁壯，就像是人的手掌在磨練後長繭，曾受過傷，能形成更高的安全性。它經過數百次的磨損破裂、重新恢復後，會逐漸壯大。假設四歲的孩子到半夜仍不睡覺在耍賴，媽媽

大喊著：「啊！你真的還不去睡覺嗎？」被聲音嚇到的孩子必然哭得更激烈與更加折騰。此時，媽媽又一定會更大聲的喊著，叫孩子不要哭。或許最理想的情況是不要遇到這種狀況，但是不會遇到這種狀況的媽媽又有幾位？所以，更重要的是下一個步驟。隔天，媽媽不能當作事情沒發生、含糊帶過，理當詢問孩子的想法：「某某啊，睡得好嗎？昨晚媽媽對你大聲說話，你心裡的感想是？」試圖引導「內對話（分享內心的對話）」。

我們要知道孩子的心境發生了怎樣的變化，並關注孩子的內在經驗。連孩子的心都不懂，一昧向孩子道歉：「對不起，媽媽對你大聲說話了！」或是說：「媽媽也有很累想早點休息的時候。」先向孩子說明生氣的理由並要求諒解，如此對話，對孩子的依戀恢復沒有任何幫助。能好奇孩子的心境並向孩子詢問的父母，比知道所有事情後才行動的父母，更有助於依戀的形成。

儘管延遲了一點，在認知到孩子受挫的欲望以及他們未能獲得安慰的情感後，父母若能開啟適當性的對話，即可充分恢復孩子的依戀損傷。然而，我們不可能每一次都能做到這樣的對話。不過，我們可以發現，一兩次向孩子發脾氣後的恢復經驗，有助於使孩子將人際關係的挫折變成暫時性挫折，而非永久性的。孩子在父母間的關係中，若從未有過依戀損傷的恢復經驗，到孩子長大成人後，則會更難以恢復。安全性依戀是一條由不斷反覆產生「斷絕—恢復」（brake-repair）的經驗累積成的粗線，它並不是一

個完美無瑕的瓷器，單倚靠父母超能的忍耐力與真誠就能製造而成。因此，千萬別想當天使般的父母。請成為能夠接受暫時與孩子斷絕，又能重新與孩子恢復連結的父母。

依戀固然重要，孩子仍無法單靠幼年期的依戀經驗在這險惡的世界生存。小時候不曾傷痛過，長大後仍可能會受到傷痛。因為人類很容易受到傷害，而這世界充滿著試煉。人們不像父母般善待我們，世界不如家庭的安全。但很諷刺的是，人類需要「適當的依戀損傷」。毫無任何的依戀損傷（雖然這不太可能）等同於具有嚴重的依戀損傷，都會出問題。「適當的依戀欲望受挫」使得我們來到世界後，產生獨立心、脫離自我中心思惟，成為我們建立相互交流關係的基礎，以及促進我們在觀察分析他人各方面的好壞後，具有進行統合的視野。挫折乃為進步之母。

我們必須從安全依戀的神話跳脫出來，因為依戀不保證人生成功，而與父母和玩伴之間的社會關係，則更為重要。在夏威夷群島西邊的考艾島（Kauai）進行的心理研究，就是建立在此觀點上。美國發展心理學家艾美‧維納（Emmy Werner，1929-2017）於一九五五年開始進行了這個歷經三十餘年的中段研究，她以具有嚴重依戀損傷的兩百零一名高危險人們為觀察對象，並得出一個驚人的實驗結果。因父母困苦、患病、犯罪、不合等因素，導致未能受到照顧的孩子們，其中有三分之一，即七十二名孩子未發生任何問題，並健康的長大成人。這些人有一個共同點，就是在他們身邊

的祖父母、親戚、神職人員、教師、朋友中，至少會有一位以上的人始終愛著他們與支持他們。

人類的發展，就像人的大腦，是具有「可塑性」的，可被修正與改善。天生的基因與幼年經驗雖然對人生影響甚大，卻不是決定人生未來的唯一因子。我們可以逆抗基因造成的影響，走出幼年經驗的陰影。就像已損傷的依戀可以復原，我們亦可以復原現在的關係。我們在與任何人保持親密的狀況下，必然會出現一些摩擦與挫折。然而，我們需擁抱這些挫折的經驗，重新進行復原。所有的親密感都伴隨著痛苦，我們只能學習處理痛苦的情感，並將其化為我們的資源。因此，與其努力避免自己受到傷害與傷害他人，發展恢復關係的能力才是最重要的。

文化發展與心理界限的關係

影響心理界限的形成因素，不僅止於基因與依戀關係，人們成長的社會文化環境亦對心理界限的形成具有極大影響。簡言之，東西文化不同，譬如傳統東方文化為群體主義，西方文化為個人主義。東方文化受到東亞的中國文化與哲學影響極深，相對的，西方文化受希臘文化與哲學影響極深。中國文化的基礎為《論語》，強調群體合作與協調；希臘因海上貿易與商業發達，早期發展出個人主義，強調個人自律。東方文化將人際

關係視為人類活動的中心，西方文化將人類視為個體性的存在。東方人對「自我」一詞會感到陌生，甚至常以「我們」代替「我」。

　　東方國家將人類視為群體的一員，非獨立的個人，故彼此相互緊密連結成社會，我們將其稱為「高脈絡社會」（high-context society）；西方國家將人類視為獨立的個人，區分群體與個人形成社會，稱為「低脈絡社會」（low-context society）。如此文化上的差異，會影響到個人的發展。例如，撰寫自我介紹的時候，東方人習慣從自己所屬的社會脈絡中開始敘述，如：「我喜歡交朋友。我的家庭有幾男幾女，我排行第幾個。現職於某某公司的組長。」以個人出生背景為中心，進行自我介紹；相反的，西方人習慣從個人特質開始敘述，如：「我的個性外向」、「我喜歡游泳和打網球」、「我是程式工程師」等等描述，表現出自己的特徵，與東方人大為不同。此外，東方經濟同時強調個人經濟與社會經濟。東方人的經濟狀況會受到其所屬群體的價值與文化影響，易偏重於「我們」，不重視「我」的概念。故在高脈絡社會裡，人們不易發展自我主張或個性。

　　相較之下，低脈絡社會將人的個性或意見視為生產性的事物，而非分裂性的事物。每一成員不因年齡或角色，大家皆是獨立的個體，應受到平等對待。他們的「隱私」（privacy）概念普及化，私人空間相對能受到保護。

但是，文化現象並非一成不變。隨時間流逝，文化圈內可存在各種多樣性文化。實際上，傳統韓國雖為高脈絡社會，因引進個人主義，而產生了變化。以職場文化為例，雖然有些公司仍是長官尚未下班，其部屬就不得下班；但也開始有一些公司不須觀看長官的眼色，員工做完自己的事就能下班。

文化還影響了我們的對話模式。文字間有空格，而對話裡有脈絡。所謂「低情境的對話」（Low-context communication）指溝通時的對話直接，不拐彎抹角、語帶玄機；反之，「高情境的對話」（High-context communication）是指溝通時話不明說，說話婉轉，帶有弦外之音。簡單來說，低情境的對話直接坦白，高情境的對話迂迴曲折。

使用高情境對話的人，不會明確表達出自己內心的意思，期望對方能自行明白其中的涵義，或是提出反問。所以，如果使用高情境對話的人說出「沒關係」，聽者必須觀察說話者的狀況後，再次重新詢問對方。以邀請賓客至家中用餐的情況為例，客人吃到碗底朝天的時候，詢問對方「要再多吃一點嗎？」是基本禮儀。假設客人是會使用高情境對話的人，他的回答若是「不用，我吃飽了！」我們就需再重新詢問一次，因為對方內心裡可能是想要再多吃一點，但基於禮貌而委婉拒絕。

一個使用低情境對話的人，一定很難理解上述的情況，他們會覺得「直接誠實說出自己的想法就好了啊！」但對一個使用高

情境對話的人來說，他們會認為使用低情境對話的人不懂得察言觀色且不顧慮他人。兩人對話的情境水平不同的時候，彼此會產生摩擦。可是，這種水平不同的現象就如文化差異一樣，無法指出對錯。

自我發展、人際關係與對話模式皆會受文化影響，心理界限當然也不例外。傳統的東方文化，像是日本與韓國社會都呈現高度的自我未分化。因重視群體且著重於協調，人們傾向隱藏自我。另外，成員們的社會經濟力比個人經濟力強，一致認同群體的價值。他們會考慮對方的感受，使用高情境的對話。相反的，像是美國或德國等西方國家社會擁有高度的自我過度分化發展，而不在意對方，只強調自己的想法與需求欲望。他們主要使用低情境的對話，擅長表達自我主見。

我們現在應該脫離「東方—西方文化」的二分法思惟。現代韓國社會已不是單一文化圈。每個家庭、企業與組織的文化各自不同。世代與世代之間的文化更相差甚異。老一輩的人會因子女長大成人尚未結婚而感到煩惱而睡不著覺，但對年輕一輩的人而言，結婚僅是個人的選擇。

這類世代間產生的摩擦，其經典案例為二〇一八年冬季奧林匹克運動會的女子冰球聯隊事件[3]。我認為「聯隊」是國家民族的代表，不可避免需要犧牲幾位選手；但是對年輕一代的人來說，作為國家代表固然重要，但非出自個人意願而犧牲自我是不

---

[3] 二〇一八年冬季奧林匹克運動會南北韓聯隊，是韓國與朝鮮為共同組成的女子冰球隊而臨時組成的一支代表團。隊伍的英文簡稱為「COR」。部分韓國民眾極力反對兩韓組聯隊，發動遊行示威，並在網上請願一事。

公平的。各世代的人持有不同的意見，但我們從社會的變化觀點來看，這是必經過程，韓國的社會正逐漸轉變成一個尊重個體性的社會，心理界限會比過往更明確。如今，家庭是家庭，公司是公司，「如家庭般的公司」已不復存在。有人會覺得社會變得冷漠了，但這也是社會變化的一種，不是讓我們走向自私的社會，而是個別化的社會；從垂直的社會改為水平的社會。這個變化也讓我們不得已要逆向而行，並提升自我的警戒線。

　　一部分強勢的個人主義者厭惡服從群體主義，視群體主義文化為綑綁自我的手段。其實，個人主義與群體主義不完全是兩個對立點，根據人類的演化史，人類選擇群體生存，而非靠個人存

活，智人才成了人類進化的遺產。智人若是個人主義者，就不會有現今的人類。幸虧靠群體來生存，才能提高人類個體的生存率。如今，我們需要的是個人與群體之間的融合，整合個人主義與群體主義。隨著世代改變，其平衡軸應隨時移動。

到如今，韓國社會裡充斥著「愛自己」的宣言。「愛自己」是對的，但社會中若有人不幸，就是不夠愛自己嗎？真正造成社會不幸的理由不是因為我們不愛自己，而是因為不顧及別人感受的自戀文化漸漸強化所導致的，不是嗎？恢復個人的自尊心固然重要，尊重彼此的文化發展更為重要。不能擁有個體性的未分化，

以及失去相互性的過度分化，兩者皆成為問題。所以，過於傾向個人主義或群體主義的社會，都是未成熟的社會。

不是所有的個人主義都能成為「善」；同樣的，也不是所有的群體主義都是「自我的敵人」。在聯合國發表的國家幸福指數中，每年北歐的國家都占據在最上位，是因為他們尊重個人自律，同時具有群體的意識所致。根據歷史經驗，我們可以發現那些不能找出群體與個人間的平衡，而極端偏向某一邊的社會容易快速瓦解。人類之所以擁有宏觀的社會發展，原因來自於強大的合作力又不失個別性。相較於螞蟻和昆蟲等等強大社會性的生物，人類具有獨特性且在群體裡追求調和與協力。自我與人際關係的平衡，個人與群體間的協調，是人類獨有的特殊能力。在個人與群體間具有完美平衡的張力，就能發展成為最驚為天人、具創造性及健康的社會。

第 2 部

扭曲的心理界限：

順應型、照顧型、防禦型、支配型

為何使用這種方式維持關係？

想解決人際關係中重複出現的困擾，
問題不在於從這四種類型中找出一種，
而是依據不同的關係與相處方式，
判斷你的主要類型和附屬類型。

第 **6** 章

心理界限出了問題？

●

反覆的依戀損傷，

是造成自我的發育與人際關係受到扭曲的根源。

●

　　處於人際關際困難的人們，大多帶著「當下遇到的困難課題」來到諮詢室。諮詢後，發現有許多諮詢者皆有幼年期的依戀損傷。反覆發生依戀損傷的孩童在長大成人後，會是一位容易受到傷害或傷害他人的成人。因反覆的依戀損傷造成自我的發育扭曲與人際關係的問題，通常以各種形式的樣貌顯現，無法一言以蔽之，需使用「心理界限」的概念說明之。透過了解心理界限，更能夠理解一個人自我的發育問題與其人際關係的困境為何。

　　反覆的依戀損傷形成的問題大略可分為兩方面，如下表：

1. 自我的發育扭曲

① . 自我與對方完全斷絕分離（過度分化）。

② . 自我不能與對方分離，仍困於共生關係之中（未分化）。

2. 人際關係的扭曲

① . 害怕與他人形成一段關係，所以總是與他人保持距離（對抗型）。

② . 無法調節兩人之間的距離，很容易過度靠近對方或侵犯對方領域（脫對抗型）。

人類心智發展

　　首創依戀理論的英國發展心理學家約翰 ‧ 鮑比（John Bowlby，1907-1990），主張依戀最重要功能是「處理壓力的能力」。人類對於壓力的處理能力分很多種。我們的大腦是「由下往上」的發展。人出生後，掌管呼吸與心跳等功能的腦幹，又稱「生存腦」（survival brain）最先發育。緊接著是掌管情感、認知與社會發展等功能的大腦中央邊緣系統，又稱「社會腦」（social brain）。最後才是位於大腦最上緣的大腦皮質，又稱「理性腦」（rational brain）。由此來看，

我們的大腦於出生時，生存功能支配了大部分，理性功能最弱，
呈現一個正三角形；隨著年紀增長，逐漸變成倒三角形。

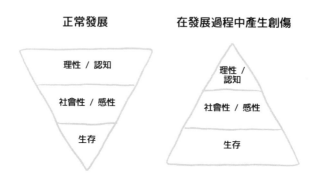

| 人類大腦的發展 |

正常發展　　　　　　在發展過程中產生創傷

健康成人的管理社會性與理性的大腦發育後，大腦的理性功
能會變得最強，生存功能相對最弱。人類的生活已不像過去原始
時代，需要每天擔心生存的威脅。現在是一個互相合作、競爭，
以及準備規劃未來的高度化社會。不過，具有安全依戀且大腦發
展良好的孩子，也不完全可以正常發展，甚至有許多人的大腦發
育成熟後依然呈現正三角形。大腦發展對自我調節能力影響甚
深，因為大腦發展的各階段擁有不同的壓力處理能力。正三角形
的三個部位可分成三個階段。第一階段是最原始且最具生存功能
的壓力處理反應，簡稱「3F」。在這個階段，大腦將世界分為「危

險」和「安全」兩種，沒有中間值。當大腦感受到危險，即自動且反射性的產生「逃跑」（flight）、「戰鬥」（fight）、「僵硬」（freezing）三種反應。

這些反應愈熟練，愈容易抑制大腦皮質調節衝動行為的功能，這些反應機制都是為了要生存下來。成人感受到危險的時候，就有這些反射性動作。例如：發現草叢裡有一條蛇，或有隻狗朝我們狂吠，我們瞬間會產生「逃跑、戰鬥或僵硬」的反射性動作。不過，在我們的日常生活中，其實已經沒有這麼多真正可威脅到生命的事情。如果一個人的壓力反應主要位於此階段（前面所述的正三角形），這個人面對生活上的大大小小壓力，頂多只能以「逃跑、戰鬥或僵硬」的方式處理。以面對一位動不動就生氣的上司為例，一般員工可以利用一邊附和一邊說好話的方式安撫上司的情緒；若員工的壓力處理能力限於生存腦的水平時，他們只能出現兩種反應：僵硬呆住，或是爆青筋向上司反抗。

第二階段以大腦中樞的社會腦為發展基礎。這階段的壓力反應以美國社會心理學家雪萊・泰勒（Shelley Taylor，1946-）提出「照料與結盟」（tend-and-befriend）的概念解釋。過去以來，學者一直使用「3F」理論解釋人類的壓力反應。泰勒指出人類與動物面對不同環境的觀點，反對原有的 3F 理論。哺乳類動物，特別是具高社會性生活的動物在產生壓力的時候，除了 3F 行為外，還會利用與其他個體結盟的融入感找回安定。換言之，社會性動物藉由

強化兩個個體間的紐帶調節壓力。這也是為什麼人們感到生活壓力大的時候，會想找朋友或同事一起喝酒。

除此之外，人類比其他哺乳類或靈長類動物擁有更發達的大腦皮質，他們擁有另一種壓力反應，即第三階段的壓力處理能力，「停止—選擇」（stop-choice）。接受到壓力時，處在這階段的人不會做出反射性動作，而是先停下來觀察壓力的來源，再考量應該要做出哪種對應方式，並選擇最好的那一個。他們根據不同的情況，作出合理且符合現實的反應，代替過去胡亂打人或隨意逃跑的處理模式。想具備第三階段的抗壓能力，需要強大堅固的情感調節及領悟能力。在生存率低的原始時代，理當重視 3F 的壓力反應體系；相反的，現代社會的生存威脅不及原始時代，但長期的壓力使我們受到壓抑，所以第二與第三階段的反應能力更為重要。

| 依據大腦發展程度，產生的處理壓力模式 |

	大腦發展	處理壓力模式
第一階段	生存腦（腦幹、延腦等）	逃跑、戰鬥、僵硬
第二階段	社會腦（邊緣系統）	關懷與融洽
第三階段	理性腦（前頭葉）	停止—選擇

「創傷」意指「由於受到如生存威脅般的精神衝擊，持續造成痛苦的精神疾病」。創傷來源的代表性因素有戰爭、物理性暴力、自然災害，以及性暴力等等，這些事情的發生壓迫了人類的對應能力，進而衍生出危險事件。不過，大部分受到父母照顧的孩子，很少會經歷上述的危險事件。曾經有相當長的一段時間，學者忽略了幼兒可能受到的創傷，甚至認為愈是年幼的孩子，愈不會受到創傷，認為其大腦仍在空白狀態。

事實卻是相反的。孩子的認知尚未發育完全，不等於一片空白；孩子不會說話表達，不代表受到的衝擊就比較小。反而因脆弱的壓力內性和調節力，更容易形成創傷。無法說話表達的狀態對大腦發展具有直接的影響，相對造成的後遺症與衝擊會比其他壓力存留更久。對一位成人來說，一件生活中微不足道的事情，卻可能是幼兒的巨大壓力，很可能形成孩子的創傷。

既然如此，造成幼年期創傷的重要因素是什麼？答案是「反覆性的依戀損傷」。對孩子而言，依戀欲望是一個攸關生存的問題，故當依戀欲望不斷的受損時，即代表自己的生存受到威脅。那麼，依戀損傷達到哪種程度才會影響大腦發展形成創傷？這其實沒有一個正確標準。每一個孩子能抵抗的強度與頻率，個個不同。但最重要的是依戀損傷的復原能力。假設孩子因依戀損傷產

生的挫折感，可以在一個安定的環境下獲得安慰，依戀損傷就變成是轉換為安全性依戀的動力。問題在於無恢復能力的依戀損傷，在日積月累後，易形成創傷。

過去，家暴與放任教養是依戀損傷的主要因素。隨著時代改變，「過度教養」亦成為問題的來源。過度教養是指過度保護、控制及教育等因素，導致自律性降低的過度照顧。

依前述，大腦的發展順序為「生存—社會性—理性」。幼兒期創傷的出現，妨礙大腦發展，促使大腦上部的功能比下部大幅削弱。研究幼兒期創傷的美國心理學家艾倫・斯爾（Allan Schore，1943-）指出：幼兒如果受到創傷，右腦的邊緣系統與自律神經系統會出現異常，產生過度警覺或離散（在無法調節的過度刺激之下，產生自己與周邊環境從屬感斷絕）的症狀。此異常為引發創傷後壓力症候群（PTSD）的導火線，阻礙對應壓力的能力與情感調解力的成長。這時，壓力或情感調節的核心並非「自我的能力」，而是「安全的依戀關係」。

此導火線不僅影響了心理層面，實際上也引發大腦的損傷。創傷會促進皮質醇與腎上腺素分泌。代表性的壓力荷爾蒙——皮質醇與腎上腺素於促發生死般的緊急壓力狀態下，扮演維持生存能力的重要角色。如果長時間持續不斷分泌皮質醇與腎上腺素，將對神經細胞的連接系統與身體器官造成傷害。

斯爾指出：若幼兒釋放過多的壓力荷爾蒙，對右腦發展會造

成極大的影響。人類大腦在滿兩歲前會急速成長。而根據 MRI 研究結果，右腦發展會比左腦更發達。原因是大腦的發展方向由下至上，由右至左。自律性神經系統與邊緣系統的功能多位於右腦，且右腦主要掌管社會性的注意力功能及情緒性的身體知覺傳遞。因此，此領域的功能出現問題的話，將造成注意力和知覺遲緩，不能掌握與調節情感，特別是最基本的第一層情感，如：恐懼、憤怒等等。

近期有關依戀損傷造成大腦發展的具體異常現象研究，粗略有一些結果。二○一五年十月，日本福井大學有田明美教授的研究小組發表一篇研究論文，根據其研究結果發現患有依戀損傷造成的精神疾病「反應性依附障礙症」（RAD）（在五歲以前，孩子與照顧者間的依戀損傷造成兒童難以發展情緒與社會關係的障礙症）的孩子，其掌管認知人類表情與判斷情感的大腦部位大小，比健康的孩童更小。研究小組以診斷患有反應性依附障礙症的十至十七歲男女共二十一名及相仿年齡的健康男女共二十二名為對象，透過 MRI 拍攝大腦結構，比對兩者位於左腦後方的視覺皮質容量大小。患有反應性依附障礙症的孩子比健康的孩子，其容量大小少於 20.6%。所以，依戀損傷等同於大腦損傷。

依戀創傷對自我發育又有何影響呢？一般的創傷程度再大，都有家人或親密的朋友協助療癒。可是，依戀創傷是就算想透過家人或親密朋友的幫忙，卻幫不了。因為受到依戀創傷的他們，

會想盡辦法與自己單方面在情感上高度緊密、依賴的照顧者，脫離與其互相的親密關係。孩子們持續的受到依戀損傷的時候，可能會為了生存而繼續依賴其依戀對象。儘管想逃離、不斷被往外推，還是無法討厭依戀對象，造成極度的混亂。一方面討厭他們，另一方面又渴望他們的愛。這種混亂的情況反覆持續的發生，孩子最終會放棄生存需求外的心理依戀欲望，或是藉由極端的手段來維繫這段關係，獲得對方的照顧。

心理不成熟與過熟的孩童

如上述，一個人的「自我」，在孩子滿三十個月前後，是與物體恆常性的認知同時產生。生命的誕生有分早產與晚產，自我的誕生亦有早產與晚產之分。孩子出生超過三十個月後，有尚未能與照顧者分化的自我；反之，也有於三十個月前提早與照顧者分化的自我。

孩子與有共生關係的照顧者之間維持連繫，並能安定的分化出來，即能產生健康的自我。這樣的現象稱為「自我分化」（ego differentiation）。「分化」（differentiation）原本的意思為生物細胞分裂後，不斷繁衍細胞來強化生物的構造與功能。受精卵細胞分裂後，各細胞經由再分裂及生長，形成各式各樣的身體組織與器官，其發展過程即稱為分化。發展過程中，最重要的是統合與連結能力。

分化做得再好，各身體功能若互相毫無作用，即失去存在的意義。

　　同理可證，安全的自我分化是指「我（孩子）」與「你（照顧者）」之間連繫成「我們」。安全的自我分化，其重要之處在於它是自我與人際關係維持平衡的基底。也就是說，安全的進行自我分化，既能維持我的個體性，又能建立一段親密的關係；尊重自己的同時，亦能尊重對方，結合成一段皆大歡喜的互惠關係。但如果自我分化出現問題，則代表自我與人際關係失衡。可能是完全分化成「我」與「你」，導致無法連結成「我們」；亦可能是不能分化成「我」與「你」，導致淪陷在「我們」的狀態中。前者是「過度分化」（over- differentiation），後者是「未分化」（un- differentiation）。（「自我分化」一詞由美國精神病學家、家族治療理論學家莫瑞 • 鮑文〔Murry Bowen，1913-1990 〕將生物學上的「分化」概念套入心理學後，衍生成的詞彙。本書借用鮑文博士的概念之外，另外提出「過度分化」的概念，希望讀者能夠更廣泛的認識自我分化的問題。）

過度分化的自我──警戒的心理界限

　　「過度分化」意指自我太早與對象分離，以致於產生自我與對象之間完全斷離的現象。健康的分化包含統合與連結功能，但過度分化的他們完全截斷兩者的連結，使得他們難以形成相互關係。為什麼他們會提早與依戀對象分離呢？答案為前述強調的反

覆性依戀損傷問題。一而再再而三的經歷依戀損傷，造成他們無能自行處理損傷。不單是一次對依戀欲望感到挫折，持續的因挫折受到壓力的時候，總有一天，挫折的痛苦會大於依戀欲望。與照顧者在一起時，別說安定，剩下的只是痛苦的感受。

根據研究依戀與社會性相關問題的蘇黎世大學心理學系教授馬格斯・海因里西斯（Markus Heinrichs）和海德堡大學精神科醫師安德列亞斯・邁爾－林登柏格（Andreas Meyer-Lindenberg）的指示，若過度的依戀挫折造成壓力荷爾蒙分泌濃度超過一定程度以上，其形成依戀與人際關係的代表精神荷爾蒙——催產素與抗利尿激素的分泌會減少。這樣的結果，促使他們會試圖與照顧者切斷心理層面的連結，導致與他人連結的能力產生嚴重的問題。一般人受到壓力的時候，會想要融入他人，從他人之中獲得安慰，做出「關懷與融洽」（tend-and-befriend）的反應。然而，這類的反應將不會出現在過度分化的人身上。

首創依戀理論的英國發展心理學家鮑比，論及照顧者未能適當給予孩子所要的依戀欲望時，孩子可能會出現「部分剝奪」或「完全剝奪」的感受。當產生「部分剝奪」的感覺時，孩子還可以更努力拉近與照顧者的連繫；但情況若是「完全剝奪」，孩子則會產生想要與照顧者分離的現象。當孩子因與照顧者間的依戀損傷，造成完全剝奪的狀態時，最初孩子會先「抵抗」（protest），經歷「絕望」（despair），最後只能「分離」（differentiation）。

我們可將「部分剝奪」解釋為未分化，「完全剝奪」則是過度分化。

自我分化的三種樣態

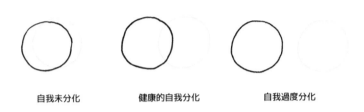

自我未分化　　　健康的自我分化　　　自我過度分化

　　因孩子無法拋棄與照顧者生活上及其直接關連的生理需求，就會改為放棄心理層面的需求。假如主要照顧者為媽媽，即使提早脫離媽媽的身邊，孩子也會覺得無所謂。他們能夠自己玩，不需要向媽媽敞開心房。幾次的患者諮詢之下，發現有些人依然記得小時候與媽媽心理隔絕的歷程：「我從很小的時候，就把對媽媽的愛從心中抹去了。」、「我從小就不對媽媽敞開心房。」、「我記得很久之前，我就討厭媽媽了。」、「我還很小的時候，以為媽媽是繼母，相信總有一天親生媽媽會來接我。」

　　他們心裡會有這些想法，會演變成這樣的局面，不能完全怪罪照顧者。過度分化的孩子們，通常具有強烈的固執、攻擊性與控制的傾向。他們的主要情緒為「憤怒」。他們從小就對照顧者

做出冷淡的反應，當個性中稍微出現攻擊性時，伴隨而來的就是「憤怒爆發」。為了找回媽媽的愛，他們會花很多心思在贏過媽媽或傷害媽媽。他們會對人發脾氣，雖然或許不至於過於執著和糾纏著對方。這種與依戀對象的關係模式定型後，當長大成人之後，他們會常使用「冷淡」或「對立」的關係模式與人相處。他們不相信人，並過度防禦，或想掌握這段關係的主導權，努力讓自己處於優勢之上。

過度分化類型的人在建立一段關係的時候，模式不是「冷淡」就是「對立」。他們把愛留給了自我，這不是健康的自愛，而是自我淪陷。他們就算受到依戀損傷，在表面上他們給人的感覺卻是他們很厲害，一個人也能過得很好。實際上，因幼年期過度發展獨立，讓他們變得非常自我主義。因此，他們這種無法形成相互關係的獨立，僅是一種未成熟或自我中心的表現。他們在親密的人際關係裡，容易不斷遇到困難。

自我過度分化的人，依據特性可再分為「防禦型」與「支配型」。防禦型的人具有高自閉性，他們避開與他人親近，常與人建立一個防禦且封閉性的人際關係；支配型的人個性外向且具有攻擊性，他們常要求對方屈服於自己，並想主導這段關係的支配權。

自我過度分化的他們，其心理界限是警戒的。他們將自我牢套於警戒的心理界限裡，任誰接近都無法與對方進行溝通或真誠

的交流，僅單方表達自己的想法或情感，給人一種彷彿有一座巨大厚實的牆擋在前面的感覺。當人際關係發生摩擦或出現問題，他們也不知如何解決。因為他們不會斟酌雙方之間的差異，他們藉由對話協調意見、與人達到共識的經驗更是不足。他們將一般的問題視為一個「誰輸誰贏」，或是「誰先占優勢就可以解決」的問題，他們要求對方屈服於下，若不能達到目的，他們將立即斷絕這段關係。

他們會淪陷自我的原因，是以他人為中心的思考能力不足的關係，導致他們認為自己的想法才是對的，或僅重視自己的需求。另外，他們與依戀對象過早分離，使得可促進社會關係形成所需的高層級情緒，如：憐憫、自卑、羞恥等情緒無法正常發展。簡而言之，他們在自我覺察與情感分享的能力未發展的狀態下，就長大成人了。

他們最常在關係中使用的心理防禦功能為「投射」。當人際關係裡產生摩擦的時候，他們不會觀看兩邊之間的問題，而是將問題丟給對方。特別是支配型的人，不單是投射，更會執著在說服和攻擊對方，直到對方承認是自己的錯。他們就是前面提及的「情感控制者」，擁有卓越的能力來操縱對方的情感，將自己的問題變成對方的責任。

未分化的自我—模糊的心理界限

　　自我未分化的概念相對於過度分化的概念。若將過度分化視為與依戀對象分離的狀態；未分化則是未能分離，與依戀對象陷於緊密的狀態。不只是依戀損傷，未分化現象與孩子不安的傾向有關。孩子與照顧者之間若不能形成安全的依戀關係，孩子在滿三十個月後，仍無法發展獨立自主的能力。

　　若照顧者暫時離開他們的視線範圍，就產生嚴重的分離不安。不安未消失的話，其對世界的好奇心與探險行動將會受限。他們不追求獨立，反而是圍繞在照顧者身邊，希望照顧者能夠持續照顧自己。然而，他們的不安感愈強烈，依戀欲望則愈大；依戀欲望愈大，照顧者就愈難滿足他們，導致孩子的依戀欲望頻頻受挫，最終形成挫折的痛苦。不過，與過度分化類型不同的是，他們不會因為過度不安而放棄依戀欲望，反而更緊黏在照顧者身旁。為了存活，他們觀察照顧者的情感與需求；他們為了與照顧者保持緊密連繫，做出足夠能吸引照顧者目光的行動。這時，已經不是照顧者滿足孩子的欲望，而是孩子滿足照顧者的欲望，產生逆依戀（counter-attachment）關係。因此，照顧者的情感、思考、需求等情緒深深影響自我未分化的人。

你的心理界限屬於哪一種？

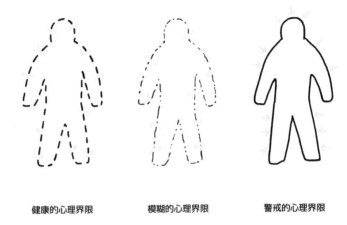

健康的心理界限　　　　模糊的心理界限　　　　警戒的心理界限

　　假如自我未分化的孩子可以和自我過度分化的孩子一樣獨立自主玩樂，他們其實是抱持著「希望照顧者與自己玩」的期待，忍住自己的不安感。過度分化的核心情感為「憤怒」，而未分化的核心情感是「不安」。自我未分化的孩子因依戀欲望產生挫折，亦會感到憤怒，但他們的恐懼會壓倒在先，使得他們把憤怒隱藏在心裡。為了與照顧者連繫，他們將產生「順應」或「獻身」的動作。

　　曾有一位患者，還記得自己在幼年期對照顧者抱持著恐懼感。「幼稚園下課回家後，我都會先確認媽媽在不在家。時常害怕媽媽丟下我們離開。」

　　一位男性回想小時候，曾恐懼媽媽會因家暴的爸爸而拋棄自

己消失不見。這位男性成人後，同樣會恐懼自己的太太拋棄他而不安。或許有點不可思議，但是他就像韓國民間故事裡，好不容易娶到仙女做妻子的樵夫，深怕妻子會離開自己回到天上去，獨留自己一人。

他們不擅長一個人獨處。對他而言，獨處是極痛苦的孤獨與難以忍受的不安。幸福就是「天天在一起」與「和某人成為一體」的感覺。「一起」的意思除了一起度過的時間外，還包含有相同的想法、情感與需求。所以，完全以人際關係為中心的他們，想得到的是一種超越連結感的一體性。

而自我未分化的類型可分為「順應型」與「照顧型」兩種。這兩者在關係之中皆訴求「一體性」，但兩者表現出來的方式不同。「順應型」的人為了要與對方成為一體，會藉由調整自我來配合對方，例如：排除自己的想法、情感及需求，先考慮對方的想法、情感及需求。他們不會主動做出對方想要他們做的，而會依照對方的指令去做。兩者相比，照顧型比較積極，他們努力做出對方想要他們做的事情；問題是他們揣測對方心思的能力不足，導致實際上未能符合對方的喜好，卻又希望對方能喜歡他們所做的一切。

自我未分化的人，其心理界限是模糊的。他們的自我未能擁有一個形態，導致心理界限鬆軟。他們無法區分自己的情感、想法及需求，容易任由對方的情感、想法及需求指揮，終究無法好

好與對方溝通。自我過度分化的人，因為太遠離對方，所以看不清對方；自我未分化的人雖然一直在意並揣測對方的心思，但最終仍無法讀取對方的心意，將自己所以為的當成對方的想法。他們重視「一體性」，同樣的，也會對損傷非常敏感。不能成為一體的事實，與內心的不安和痛苦直接連結，會造成在關係間極大的摩擦與爭吵。他們不能承受關係裡的不舒服感，所以一旦他們陷於此種困境，他們會做不好任何事情。日常生活中，他們將人際關係的衝突與爭吵解釋為「破局的徵兆」；因此，當他們沉浸在情感裡，只能不斷順應對方、忍耐對方或試著說服對方。

自我未分化類型的人，其主要心理防禦機制為「內射」（introjection）。內射蘊藏了兩種涵義：一為不批判外部對象的想法、情感及需求，將其接受為自己的一部分；二為與「投射」相反的概念，當發生衝突的時候，將其視為自己的過錯，這個「自己的過錯」並非是了解到自己的問題點而做出的自我反省。他們無法將過錯轉換成自我改善，最終以自責的方式結束。簡言之，內射可比喻為「在未咀嚼的狀態下，直接吞嚥」，不消化與分解關係間的衝突與問題，即堆積在身體內，或是直接排泄掉。

由於未分化類型的心理界限是模糊的，不僅易出現心理問題，亦伴隨著身體出問題。一位加拿大內科醫生蓋博・馬特（Gabor Mate，1944-），在其著作《當身體說不》（*When the Body Says No*）裡，描述了心理界限未分化的人會產生何種身體問題。他指

出：未分化類型的人容易引發各種慢性疾病，特別是自我免疫力的病症。

慢性疾病患者的一個共通毛病是，在思考自我需求前，會先從滿足他人的需求開始。這種對應模式代表他們自我的心理界限已變得模糊，且於心理層面來看，自我與非自我間產生了動搖。這個動搖隨後散播到細胞、組織及整個身體。免疫細胞的崩潰造成身體的叛亂，或成了有害的存在，致使其免疫細胞開始主動攻擊身體組織。

| 根據自我分化的心理界限類型與其特徵 |

未分化類型	安全分化類型	過度分化類型
（模糊的心理界限）	（彈性的心理界限）	（警戒的心理界限）
以他人為中心的 人際關係	相互交流的人際關係	以自我為中心的 人際關係
偏向社會性大腦	大腦均衡發展	偏向生存大腦
情感調節不合 （特別不安）	情感與理性相互連結	情感調節不合 （特別憤怒）
我與你的警戒線 不確實	區別我與你的警戒線	我與你完全斷絕
單方性（順應或照顧）	相互交流	單方性（支配或防禦）
不懂拒絕和 表達自我主張	適當的拒絕和 表達自我主張	單方性的拒絕和 自我主張
情感傳染	認知與情感 的共感	缺乏共感

● 意識的未分化 ●

「分化」，是自我與關係領域中的現象。但是，分化的概念不僅能用於待人處事的人際關係，還用於發展前的過程。意識的分化是一件重要的事。自我未分化的人，不只是自我的關係處於未分化狀態，他們的情感與思考亦呈現未分化狀態。他們常有情感性的思考，相信自己的感覺和情感，而像個孩子。舉例來說，孩子以為鬼會從床底下爬出來而感到不安，他人再怎麼解釋，孩子都聽不進去，因為孩子真心相信床底下有鬼。意識未分化的他們無法讓意識隨意進出內心，只能在心裡淪陷。

心理界限的欺騙者與守衛者

三番兩次的依戀損傷，除了影響自我的分化，更扭曲人際關係的交流模式。經歷過反覆依戀損傷的孩子們，依個人特質，大致分為兩種逆功能性的交流模式。

第一種為「抑制型」（inhibited type）。這類的孩子對於與他人建立關係感到害怕且謹慎，遠遠超越他們對關係的需求，促使他們想避開與他人接觸。他們雖然期望著「親近的溫暖」，但在實際的經驗中卻是「親近的冷漠」。冷漠留存在他們的潛意識，導

致他們想與他人親近，但當真的與他人變得親近的時候，就會回憶起那些負面經驗，身體甚至會比意識更快反應，而做出退後的動作。即使對方未做出任何傷害他們的事情，他們害怕與對方接近後，會出現另一些不好的記憶。他們留存在大腦裡的依戀創傷，直到長大成人後，仍會無意識的將與他人親近時被拒絕或挫折的痛苦連結在一起。例如一個被大狗咬傷過的孩子，看到一隻可愛的小狗依然會害怕的逃走。

他們害怕與人成為一體，不過具體來說，這類型的人之間也存在一些差異。有些人確實會放棄依戀欲望，單方面討厭與避開與他人親近；有些人則是無法拋開依戀欲望，於依戀損傷帶來的恐懼與依戀欲望之間，產生搖擺不定的雙重樣貌。

第二種為「去抑制化類型」（disinhibited type）。依戀損傷，一方面會造成人們變得警戒，另一方面，也讓人們打開警戒。打開警戒的人們，在關係裡不能調整彼此之間適當的距離，所以他們會不斷靠近對方。仔細觀察之後，可將他們再細分為兩種類型。第一種是會靠近任何人，不斷糾纏、向對方撒嬌，讓彼此產生一種關係互相連結的扭曲親密感。簡單來說，他們是渴望愛的類型。另一種是不斷靠近對方後，以干涉或折磨的方式試圖與他人連結的類型。會有這樣的差異，與孩子的個人特性有關。它是依戀損傷再加上個人特質所產生的逆功能人際關係交流模式。

抑制型的孩子，其個性多半為內向或較為敏感的。這時，若產生依戀損傷的話，他們的不安和敏感將擴散至無法操控的狀態。相反的，去抑制化類型的孩子，個性較外向或具有攻擊性。他們會因依戀損傷，擴大原本的性格，變得難以調解雙方關係之間的距離。因此，他們不願獨自一人，會強求他人的陪伴。（依照精神疾病診斷與統計手冊 DSM-5，抑制型定義為反應性依附障礙症〔Reactive Attachment Disorder〕；去抑制化類型為去抑制型社會參與障礙〔Disinhibited Social Engagement Disorder〕。）

　　因依戀損傷造成的逆功能人際關係交流模式，容易反覆出現在成人之間的交往模式中。去抑制化類型的孩子在成人後，他們會持續入侵他人的警戒，成為心理界限的欺騙者（boundary-crosser）；抑制型的人則是封閉自我警戒，成為心理界限的守衛者（boundary-guarder）。心理界限的欺騙者經常介入對方，比如給予或要求，藉由操控對方，希望對方能夠按照自己的意思行動。反之，心理界限的守衛者因多半為內向或不安的個性，導致他們會被動與防衛心重。不主動靠近對方，且在關係建立後，也不期望對方能夠為自己做什麼，以及將對方隔離在一定距離之外。

以下，將一一解釋各種逆功能人際關係的類型。

| 各種不同心理界限異常的逆功能人際關係類型 |

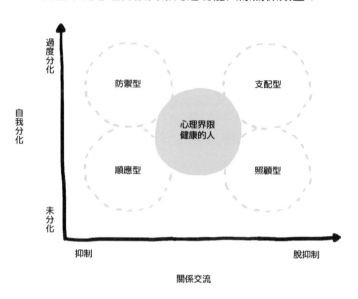

當我們發現自己有類似且反覆的人際關係問題，或是看見周圍的人們有相似的行為，一定很好奇「為什麼他們會用那種方式來建立人際關係？」因此，以下將更深入探討這四種類型。

上圖根據自我分化與關係交流方式，將逆功能人際關係的框架分為四類。所謂的框架，即為模式。建立人際關係的方式若被

框架鎖住,將會產生後遺症,致使你不斷使用相同方式與人交往。

　　總而言之,因依戀損傷造成的自我發展異常,可能是自我未分化或過度分化造成的。自我未分化的人會困於關係中,而自我過度分化的人則是陷於自我當中。同樣的,關係交流異常的人,分為「心理界限的欺騙者」或「心理界限的守衛者」。心理界限的欺騙者會不經對方同意,持續侵入他人領域;心理界限的守衛者則是會嚴守他人的接近。

　　從下一章節開始,我將仔細介紹因依戀損傷造成的自我發展異常的各種類型。目前,先說明逆功能的關係框架有何特徵,以及其重要特點為何:

　　一、逆功能的關係框架是因為幼兒時的依戀損傷造成扭曲的「小孩—成人」的關係模式,原封不動的套用於「成人—成人」的關係模式。他們的人際關係模式停止成長了。

　　二、逆功能的關係框架是在幼兒時期的環境之下,為生存而不得已形成的;但如果直接將同樣的模式套用在成人關係中,將會引來許多的混亂與摩擦。

　　三、逆功能的關係框架並非固定存在。假設你在人際關係當中,反覆經歷相同的困難,不代表你會一直是這四類型的其中之一。依照和他人相處的關係模式,其逆功能的關係框架會有所不同。例如,與配偶之間是支配型,與同事之間卻是順應型。因此,我們並不是要從這四類中,選出一種類型,而是需要掌握每一段

關係中，我們的模式類型為何。此外，在和某一人的關係模式裡亦有可能隨著時間變化而變化。甚至主要類型與其他附屬類型在同一時段同時出現，都有可能發生。舉例來說，某人與配偶的關係，主要可能是支配型，附屬的類型可能是防禦型。

四、心理界限變得健康後，弱化的逆功能關係框架可恢復成正常的關係框架。因此，我們需要好好的認識並了解自己的關係框架，幫助創造良好的人際關係。

第 **7** 章

不願與人產生衝突：順應型

●

他們不懂如何拒絕或表達自我主見。

更嚴重的是，他們「不知道」自己的想法、情感、身體信號及興趣。

●

　　在補習班教數學的政勳來到諮詢室。他有點不知道要如何表達自己，他習慣聆聽他人的故事，或按照他人指示做事，也不太會拒絕他人的請託。最讓他痛苦的事情是對方因為自己而感到不舒服，或是在他覺得不舒服的時候，與他人相處。因此，他選擇犧牲自己、對別人讓步，以減輕自己不舒服的感覺，所以才導致他不能好好表達自我主見。其實，他不是不能，而是「不會」。像是補習班在排課表的時候，他總是讓其他講師先依照他們喜好的時段安排，剩下的時段才給自己。久而久之，別人不想負責的課程，或是比較不好的上課時段，逐漸成為政勳的責任。

學生家長及學生也察覺到政勳的個性，所以常常會有學生乖乖做完其他講師的作業，卻不做政勳要求的作業；或是學生家長常會提出無理的課程時間變更或補課的要求。雖然他發自內心決定自己要板起臉，向不乖的學生發脾氣，或拒絕學生家長的要求，可是一旦這個狀況發生時，他卻開不了口。就算對方只是個孩子，但他不想因此造成自己心理上的不舒服。

為什麼要完全配合對方？

政勳是個很膽小的孩子。上幼兒園的時候，因不想和媽媽分開，纏著媽媽兩週，要媽媽陪他一起上幼兒園。從小只要看見蟲子，就會驚嚇大喊；看見陌生人，就躲在桌底下；也不太會和同年孩童一起玩。他也不擅長運動，在體育方面，他非常沒有自信心。父母看見政勳這模樣，總是擔心的說：「男子漢，怎麼這麼膽小！」、「這個笨蛋！為什麼一個人在這裡？你主動去問可不可以一起玩啊！」、「你到底幾歲了？」父母愈斥責，政勳愈覺得不安，更加否認自己。政勳對於這樣膽小的自己感到羞愧，更自責自己總是會讓父母擔心。所以，他會把自我主見放到最後，按照對方的指示行動。

順應型的人自尊心低且習慣以他人為中心來建立人際關係。關係發展的標準以對方為主；順應對方的心情，照著他們的指令

做事。最嚴重的狀況是，儘管這類型的人百般不情願，而且他人的接近、提議、請託及過分的指令都讓他們感到疲憊及厭惡，但他還是不懂得婉拒。為什麼呢？其原因大略分為三個：

一、他們承受不了「關係中的衝突」。連一些常見於關係中的小摩擦，都讓他們覺得很有負擔。為了不讓關係中的衝突發生，他們會選擇讓步或犧牲。會這麼討厭在關係中產生衝突，是因為他們認為摩擦、衝突這些不舒服的感覺是關係「破局」的根源，所以這是他們拒絕與他人「斷絕」的作法。如果拒絕他人的邀約，等同於否認自身的存在。他們不會留意別人的狀態，覺得如果拒絕對方，對方會認為是因為自己討厭他而拒絕。比如，當政勳打電話給朋友，如果朋友沒接電話，他的第一個反應會是「難道是我太煩人，所以他才不接電話嗎？」而不是「喔，他可能在忙吧！」

他們分不清楚「邀約的拒絕」與「真正的拒絕」之間的差異。拒絕的高敏感性（rejection sensitivity），導致他們連做出小小的拒絕，都會感受到心理上的痛苦。

二、他們的自尊心低落。除了順應型外，其他三種類型的人也都是自尊心低落的人，他們得不到他人關愛所造成的依戀損傷極大。除順應型外，其他三種類型的人是因為無法認同自己的自尊心低，所以做出防禦的行為；順應型的人是因為過度不安，導致他們不能為自己防禦。他們總評論自己「只是個渺小的存在」，

以及對於他人看待自己的評價充滿負面的想法。「人們都討厭我」、「不會有人愛我」等等，更是過度在意對方對自己的評價，對方比自己更重要，並容易配合對方。他們會像政勳一樣，每次都習慣性的說「我沒關係」、「我也是這麼想的」、「這樣很好」等言談。在這些言語表達背後，蘊藏著對方的意見或感受比我自己的更重要的意涵。順應型的人一昧的尊重對方，卻未能尊重到自己。與順應型完全相反的類型，即為支配型。

三、他們困在「第一人稱的思考」。他們不懂得拒絕是因為自己難以承受關係變得尷尬之外，更是因為他們以為對方和自己的想法是相近的。如果自己被他人拒絕，會覺得受傷；同樣對方被自己拒絕，也會覺得受傷。可是人們不會因為偶爾或一次的拒絕，就認為對方討厭自己、無視自己。拒絕在人際關係的日常生活裡，是會正常發生的事情。雖然被拒絕的時候，有可能產生失望或不好的感受，但不會因此產生兩人的隔閡或留下疙瘩。因為暫時稍微失望或不開心，應不至於成為傷害。

未能及時解決的分離焦慮

　　順應型的人，以他人為中心建立人際關係，導因於他們在未能解決分離不安的狀態下即長大成人。其「物體恆常性」發育不全，以致他們獨立自主或調整情感能力薄弱。他們不能自己處理不安的情感，導致他們離不開照顧者的身邊，必須依賴照顧者。

他們的核心情感是「不安」，而他們處理不安的方式是順應對方、配合對方，依照對方想要的方式做事。配合對方可以讓他們有「成為一體」的感覺，以獲得安定。

他們釋放出的親切感，或是聽話的表現，理由不在於他們善良，而是不安。惟有親切或聽話，才是他們的生存之道。盡力符合照顧者的希望與期待，方能得到對方的照顧與回報。因此，他們總是看著他人的眼色過日子。問題是，在他們成人之後，他們的內心裡仍住著害怕單獨一人的孩子，依舊以過去兒時的人際關係模式與人相處。

除了不懂拒絕、表達自我主張之外，更嚴重的是，他們「不知道」自己的想法、情感、喜好及興趣。他們不是沒有自己的想法、情感、喜好及興趣，但與其說是自己的，不如說是模仿他人而來的。因為他們的心理界限是模糊的。比如，政勳喜歡的歌曲類型很多樣化，但這並不是因為他喜歡嘗試各種曲風，而是因為他周邊的人喜歡什麼樣的歌曲，他就會跟著喜歡什麼歌曲。關於喜歡的女明星也一樣，他沒有特定喜歡誰，只要朋友喜歡哪一位藝人，他就跟著喜歡那位藝人。順應型的人，很自然的會跟隨對方的興趣和喜好，配合對方的思考與價值觀共享話題，他們利用這些方式強化與他人的連結感，及與他人有成為一體的感覺。當自己與對方的興趣或喜好之間有所差異，他們不視為每個人主觀上的差異，他們認定對方一定比自己優秀，自己喜歡的事物是幼

稚或劣等的。模仿會讓他們覺得自己跟別人是同等級的水平，於是，模仿成為他們維持人與人之間親密關係的無意識過程。

在待人處事時遇到的問題

順應型的自我未分化，導致他們困在關係裡；然而，他們的關係交流型態又屬於抑制型，所以他們的個性較為消極且具有防禦性，自己無法先靠近他人，於是過著進退兩難的日子。一方面，分離的焦慮讓他們無法單獨一人，而追求與人成為一體；另一方面，在和人親近的過程中，又具備警戒心。我將他們譬喻為刺蝟，「遠離」使他們不安而想要靠近；「靠近」又讓他們警戒不安而想要遠離。這樣的現象於男女關係裡，最為明顯。時間流逝，順應型的人因為自己的依賴需求與消極個性作祟，使他們開始順應對方，且漸漸依賴對方。

他們的特徵是在任何一種關係裡皆會產生依賴，特別是愛情關係。他們只能以「孩子─成人」的模式來建立關係，不斷在尋找一個能夠照顧自己的另一半。比起給對方幸福，他們更希望對方給他們幸福。他們不愛對方，只是需要對方。因此，他們不接近自己愛的人，而是與愛自己的人交往，並將其定義為「愛情」。但是，他們所謂的愛情是單方面接受照顧與依賴的依戀。

最近，大家都很強調孩童發展過程中依戀的重要性，且將這

個概念同時運用在成人的人際關係中。但是我反對在成人的愛情關係裡混用依賴的概念。孩子的依戀欲望屬於正常現象，但成人的依戀欲望則屬於非正常現象。依戀不是人類的專有特權，它是幼獸纏繞在母獸身旁的執著，是一種哺乳類動物在幼年時期的生存本能。它與彼此能互相理解、互相照顧的成人間的愛情，是不同層次的概念。愛情需要熱情，相互的友情與責任感。一個人單方期望對方釋放好意，這不是愛情，是依戀。而順應型的人，尚未發展出愛人與照顧人的能力。

他們非常不會處理關係上的衝突。衝突會刺激他們的分離焦慮，若和對方意見分歧或產生矛盾的時候，不安的痛苦立刻隨之而來，促使他們試圖盡快和解。對方發脾氣的時候，會快速道歉以舒緩對方的心情。可是，這種道歉並不能改善關係，它是一種掩蓋問題的迴避。當未自覺到問題到底出在哪裡就立即道歉，更容易令人感到荒唐而更加生氣。雖然我不確定這類的解決方式可否閃避一時的不舒服和心理的矛盾，但可確定的是，他們的關係問題會愈積愈多。自我壓抑與自我犧牲的人際關係模式，必然造成更大的困境，將慢慢迷失自我、產生無力感，甚至討厭自己。

● 順應型的特徵 ●

1. 無法忍受和他人的關係有衝突而尷尬。
2. 在毫無根據之下，一昧擔心對方討厭自己或離開自己。
3. 害怕對方得知自己的真實模樣後會感到失望。
4. 難以拒絕他人、拜託他人和真實表達自我主見。
5. 當關係出現衝突，會將責任歸咎於自己，卻不知道問題在哪。只能立即道歉以及全程配合對方要求，以快速解決摩擦的問題。
6. 在意他人臉色，努力配合對方的心情。甚至不敢糾正對方無禮的行為，事後才覺得後悔。
7. 自我主觀意識不明確，容易附和對方的意見。當要共同決定的時候，會將選擇權讓給對方。
8. 不知該與對方靠近還是遠離，陷入進退兩難的狀態。
9. 以「討厭裝作喜歡」、「不知道裝作知道」等方式，對自己與他人都無法坦誠相對。不知道自己的真實情感或想要的是什麼。
10. 致力於填滿他人對自己的期待，卻從來未思考自己的需求是什麼。

第 8 章

你開心我才開心：照顧型

●

無私奉獻關愛的結果是沒人獲得幸福。

兩人都變得不幸後，才感到荒唐空虛。

●

　　年輕企業家明浩將自己的所有都奉獻給了太太銀星。結婚兩年，他對待銀星太太宛同熱戀時期那般，不僅為太太下廚，每季都會帶太太一起出外旅行，一起去看太太最愛的表演。即使明浩每天問銀星：「還有需要什麼嗎？」他卻一點都不知道太太真正的需求是什麼。像是銀星剛開始對料理和打理家事有興趣，明浩卻告訴太太不用管家事，交給家事幫傭就好了，勸她可以運用這些時間多多運動和發展自己的興趣。銀星的朋友都很羨慕她能有一個這樣的先生。

　　然而，從某一刻起，銀星卻開始懷疑自己真的幸福嗎？她

知道也許真的再也沒有其他人會對自己如此百般照顧了啊，但隨著時間流逝，銀星心中湧現一種說不清楚、莫名的失落感。有時，她觀察先生對她的眼神，覺得自己像是先生的女兒或寵物小狗。先生的眼神，像在期待自己能夠因受主人溫柔的保護而變得幸福。銀星的心裡隱隱感到不舒服，對這份愛的懷疑也愈來愈明顯，臉上的笑容則愈來愈黯淡。明浩當然不能察覺到太太心境的轉變，反而比以前更常到外面用餐、準備更多禮物、策劃驚喜活動，以及更努力做家事。然而，做了這麼多，銀星卻已經不像當初那麼開心與感動。看著漸漸失去笑容的太太，令明浩非常苦惱，他到底要怎麼做，才能讓太太開懷大笑呢？

要照顧到每個人才能安心

明浩夫婦的關係問題在哪裡呢？其實人際關係比想像中更受過去經驗所影響。爸爸明浩的企業家爸爸，在他國小低年級的時候，事業沒落了。從那以後，爸爸沒有一件事做得好，致使爸爸的性格愈來愈乖僻。身為教師的媽媽為了家計，不得不外出工作，但爸爸總在自己心情不好的時候，無故向媽媽發脾氣、侮辱她，患有疑心病。明浩記憶裡的媽媽，臉上時常愁眉苦臉。這對年幼的他，是一個非常大的衝擊，讓他感到恐懼。這時，可以幫助明浩隱藏不安與痛苦的作法，就是盡力附和並完成媽媽對他的

期待。相較於順應型的人處理不安感的方法是「順應對方」，照顧型的人處理的方法比較好一點，是利用「照顧對方」掩蓋不安。所幸，明浩順利滿足了媽媽的期待。除此之外，他不僅自己功課好，連弟弟妹妹的作業也顧得好好的，成為媽媽依靠的支柱。有這樣令媽媽得意的兒子，媽媽的臉龐上才流露一絲笑容。當他第一次聽到媽媽對他說：「有你，媽媽才能活下來！」明浩歡欣若狂。讓媽媽開心就是他生活的動力、快樂的來源。

從小，他就下定決心絕不成為像爸爸一樣的人。他絕對不能傷害任何人，更要成為一個為他人所需的人。他決心要成為一個給他人幸福的人，這份心意支配與控制了明浩建立人際關係的方式。他不斷找尋不幸的人，給他們幸福。當他找到一個需要被照顧的人後，看見對方因自己的付出而感到快樂，他就能感到快樂。

精神醫學上，將不顧自己而全心全意為對方付出的扭曲人際關係稱作「共同依存」（co-dependency）。東方文化社會裡很重視照顧他人的互動方式，乍看之下，這似乎是一種正向的相處模式，但共同依存關係不是一種互相依靠並協助彼此的健康交流關係，而是一種促使對方依賴自己，最後讓雙方都變得很辛苦的病態關係。「共同依存」一詞源自於成癮者的家屬與當事人之間形成的不健康相處模式，家人們表面上看似是在協助當事人擺脫癮因，實際上卻產生反效果，變成掌控他們上癮程度的人。簡單的說，

家人的照顧與幫忙，會讓成癮者變成無法自主生活的人，不能自己振作起來，形成惡性循環。

與共同依存擁有相似概念的，就是前述不顧自己、單方面忙於照顧他人、「照顧型」的人。雖然受到照顧的對象並非一定是成癮者，但我們實際生活周邊的人，大多都是因為忙於照顧他人而不能過好自己的生活。照顧型的人，其共同點是他們過去在應受他人照顧的幼年期裡，遭遇不得已的情況，使得他們必須要先照顧其他人，像是父母嚴重不合，導致他們與其中一方有密切的情感連繫，或是因父母生病、經濟貧苦等等原因使得他們必須從小照顧家人。這時的他們連對自己的依戀缺乏感到傷心的時間都沒有，在小小年紀就得負起照顧他人的責任。他們將自己的標準設定成「我要照顧好他人，才能算是一個不錯的人」，但他們其實是透過照顧他人獲得自我價值與滿足感。當他們遇見有問題或生活困難的人，會產生一種過度的責任感，即使用盡方法也要協助他人轉換心境、解救他人困境。如果自己付出一切心力依然無法幫到別人，會是一大挫折與傷害。

他們總是會與有困難、有問題的人們來往，更致力幫助這些人改善窘境。如果對方可以變得更健康和幸福，當然是一件好事，

但是這樣的現象往往會隨時間變化，最終導向悲劇收場。離奇的是，他們愈努力，對方的問題就會愈惡化。即使他們漸漸被消磨殆盡，依然無法停止照顧對方的行為。

到底為什麼照顧型的人把別人視為解決問題的主體，並不期望自身的幸福呢？對他們而言，最重要的事情就是讓對方可藉由自己的幫助，降低痛苦，與得到心情上的慰藉。換言之，他們

的幫助是為了要讓對方能夠依靠他們，不是要讓對方能夠獨立振作。但是在這樣胡亂幫忙之下，只會讓對方的問題愈來愈嚴重。

　　他們很努力的想要讓對方可以少一點折磨、多一點開心，所以就代替對方做對方應該要自己做的事情，甚至通融對方的需求、協助對方掩蓋問題、將對方的過錯怪罪於無辜的第三者，或者試圖轉換對方的想法和情感。但是這些行為反而會造成問題更加惡化。假設一位酒精中毒者因喝醉酒而不能上班，擁有共同依存關係的家人會代替本人，向公司謊報病假。又或者在自己的兒子外遇、造成媳婦極大的痛苦，致使這段婚姻陷入離婚危機時，媽媽不罵兒子，反倒撻伐媳婦因照顧不周讓兒子在外遊蕩。或者像是父母資助子女創業的情況，父母對著負債累累的子女大喊：「我們這麼辛苦都是你害的！」但還是默默的幫子女還債。

　　照顧型的人具有過度的責任感，其原因之一是他們將周邊的人感受到的痛苦視為自身的痛苦，他們擁有強大的情緒共感能力。但是他們位於感性大腦之上的理性大腦未能發育，造成他們的認知共感能力較弱，無法在了解來龍去脈後，再判斷出真正能夠幫助對方的方法。照顧型的人，在發覺和理解自己的傷痛何在，以及心理界限混亂的原因、關係模式的發展歷史之前，會一直持續進行他們單方面的照顧。

照顧型的人亦是自我未分化的一類，促使他們一直想要與他人相處融洽。順應型的人會努力讓自己變成受到照顧的人，並且可以與他人成為一體；照顧型的人則是進一步的透過單方面的照顧，與他人成為一體。他們要的是關係裡的一體性，而非連結感。

一般人都會對照顧型的人百般稱讚，因為他們對待另一半非常好。如果一個備受照顧的人向周圍的朋友訴苦，大家都會覺得這個人身在福中不知福。但是，照顧型的人做出的照顧行為，是一種控制他人的行為，不是一個幫助他人變得更健康的行為。雖然他們的特徵是單方面的照顧他人，但他們仍歸類在依賴性強的類型之一。他們利用自己的照顧行為來確認自己的存在感，並獲取慰藉。他們的快樂來自於他人的依賴，他們不能自己取悅自己，必須要他人快樂，自己才能快樂。他們與順應型的人同樣屬於自我未分化的一類，所以他們不了解自己的真實需求。看似利他行為，實際上，他們的內心裡是希望藉由照顧他人來獲得他人的稱讚。他們的心理界限問題如下：一、分不清自己與他人的警戒線並造成混亂。二、產生過度的責任感，覺得自己必須為他人生活與其困難負起責任。三、他們的關係模式是以他人為中心，會拋開自己的需求，一昧照顧他人。

他們不關心那些幸福快樂的人們。他們尋求不幸的人，他們

可以照顧這些人，讓這些人變得幸福，這是他們最大的快樂。所以，他們時常與那些有創傷、有問題的人在一起。他們嘴上雖說深愛著對方，可是站在一個他們期望對方的情感或生活可因自己變得有所不同的觀點來看，其實他們愛的不是對方真實的模樣。他們也屬於會操控對方的人，但他們的操控並不是外顯型的控制或暴力行為，而是一種隱藏性、單方面給予的照顧，讓對方難以察覺。

受到照顧的那一方，他們的心理界限也因受到影響，而陷入混亂。他們與照顧型的人相處愈久，就愈不能擁有健康的責任感。他們很容易會把自己的責任轉嫁給照顧型的人，最後墮落淪為一個無責任感的人。他們會發現另一半的愛是一種用愛包裝的控制行為。即使如此，他們也已離不開這段關係了。如同一個成癮者明知自己的上癮行為是不對的，但仍無法輕易戒掉，反而愈來愈依賴對方的照顧，直到最後破局，就埋怨對方、向對方怒吼：「你為什麼要這麼做！」、「你這樣做真的是為我好嗎？」對照顧型的人來說，這些話讓他們痛不欲生，因為過去的付出、努力和自己存在的原因全部功虧一簣。他們這麼愛對方、為對方付出，結果雙方都無法得到幸福。這個事實令他們難以承受，所以才來到諮詢室發洩自己的情緒。

照顧型的人打造的共同依存關係，常見於韓國社會裡父母與子女間的關係。父母做了很多犧牲，以為是「為了孩子好」。說

實話，父母比誰都希望子女幸福，這是再正常不過的事，父母的犧牲付出可以成為子女獨立自主的踏板，那真的很萬幸；但如果造成子女成為離不開父母的個體，就註定是一場悲劇了。

作為父母，必須好好認真思考，你們的犧牲奉獻真的讓孩子幸福了嗎？孩子未來真的會幸福嗎？孩子長大後能夠自己解決問題、自己過生活嗎？如果答案是否定的，我們就必須要立即檢查子女與自己的心理界限狀態，並做出調整。與父母所想的相反，左右孩子人生的力量不在於父母，就像治療疾病的根本力量不是藥物或醫術，而是患者內在治癒的能力。醫術與藥物僅是輔助而已。父母等同於醫術或藥物，他們應該是在孩子背後推動的人，不應該是站在孩子前方引導的人。

● 照顧型的特徵 ●

1. 無法區分自己與他人的警戒線，並把關係中產生的任何事情與自己做連結。

2. 對方的情感很容易影響自己，並且為改變對方心情而費心。

3. 關心那些有問題的人，覺得解決對方的問題是自己的責任。

4. 明明不需要犧牲自己，卻要承攬所有事情。或者，既非他們的父母，卻全面擔起照顧他人的責任與幫助他人。

5. 即使討厭對方，仍會持續照顧對方或給對方建言，唯有這樣做，自己才能安心。

6. 透過幫助他人來獲取自我價值與滿足感。

7. 對待另一半非常好，但反而更容易引起兩人之間的摩擦，或引發對方的怨言。

8. 自認沒有人可以像自己對待他人這般對待自己，導致他們漸漸意志消沉與沉淪在自我感嘆之中。

9. 心力過度集中在照顧他人的情感與需求，卻不知自己要的是什麼。就算知道，也認為自己不重要

10. 無法自我感受到幸福、滿足與平和。

第9章

不要把注意力放在我身上：防禦型

●

曾經保護自己的盔甲，卻不能正常發揮功能，

甚至變成束縛自我的枷鎖。

●

    正值三十歲後半的賢珠，是一位在地方城市任職不到一年的大學教授。現在，她有想辭掉工作的念頭。她想辭職的原因不意外的跟人際關係有關。她很困擾，覺得在韓國社會裡，怎麼有這麼多愛管別人閒事的人呢？賢珠自己不會特別刻意拜訪其他教授的個人辦公室，但有幾位教授總喜歡來自己的辦公室裡聊天。每當他們來的時候，賢珠就覺得自己的個人領域和時間都被侵犯了，但又不好意思表現出厭惡的樣子。心想著大家一起聊聊過去各自在學校發生的故事，是一件很正常的事，就打算忍住自己不悅的心情。但聊著聊著，當他們聊到一些私人問題，像是「妳用

哪家的化妝品？」、「在首爾跟誰住一起？」、「為何不結婚？有交往對象吧？」等等，一直問著這些她不想回答的問題，讓賢珠差一點就要情緒爆發，直接開口請他們出去了。賢珠只要待在人群裡，就會覺得不舒服，感覺自己的力氣被耗盡了。現在就算是待在辦公室裡，她卻故意掛上「外出中」的牌子。

你是你，我是我

從小到大，賢珠遇到任何問題都是她自己一個人解決。從小，父母就時常吵架，他們終究在賢珠國小六年級的時候離婚了。離婚過程中，父母兩人都不想養育小孩而互相推卸責任，賢珠不得不搬到鄉下和奶奶住。一瞬間，人事皆非。而且，爸爸與媽媽都未曾回去看過賢珠，後來甚至也不再寄生活費給她了。但因奶奶的健康愈來愈糟糕，在賢珠國中二年級的時候，媽媽只好接她回去一起生活。賢珠很開心，但媽媽卻不情願。

媽媽有交往的男人。那個男人在大白天的時候就會來家裡，每當他要來家裡的那一天，家裡環境就會變得很乾淨，而且媽媽一大早就會開始做飯。然後，媽媽會給賢珠零用錢，要她出去玩。偶爾媽媽、叔叔與她會一起到外面用餐。出去吃飯的那一天，媽媽會給她穿漂亮的衣服，叮嚀她要表現得可愛一點。與其說是叮嚀，更像是威脅。媽媽總愛在叔叔面前撒嬌，說話的口氣與表情和對待自

己的樣貌截然不同，令她感到厭惡及陌生，卻不能表現出討厭媽媽的樣子。因為，不能再讓媽媽拋棄自己了。可是，賢珠不是一個會撒嬌的人，如果那天她面無表情或吃得太少，媽媽就會斥責她：「是托誰的福，我們才能過好生活？」又向她怒喊：「我為了養妳，該說和不該說的話都說了，妳連裝得開心一點都不會嗎？」

媽媽也很在意賢珠的課業，天天嘮叨她要努力唸書。不像其他同學媽媽一樣溫柔，賢珠只要成績稍微退步了，就會被媽媽責罵。媽媽總像口頭禪似的數落道：「拜託女兒出人頭地，改改為娘苦命的八字吧！」好幾次，賢珠懷疑媽媽「真的是我的親生媽

媽嗎？」寄宿在媽媽家、花用那男人的錢過日子，非常傷及賢珠的自尊心，但她也只能等待時機成熟才能自立。

賢珠很認真唸書，也很慶幸的有好的回報。上大學後，賢珠一邊打工，一邊賺獎學金，開始經濟獨立。大學畢業後，更從家裡搬出來，還靠自己的力量完成研究所學業。未曾談過戀愛的賢珠，朋友們給她的稱號是「女強人」。她搬出來自己住以後，就幾乎再也沒見過媽媽，只會寄生活費回家。賢珠很討厭媽媽想要依靠自己過生活的行為。小時候，媽媽從未曾為自己煮過一次生日餐，卻到年紀大了，才說要幫女兒慶生，真是令她感到噁心。自己真正需要媽媽的時候，媽媽都不懂，只會在委屈的時候，才會想起自己。所以，賢珠非常冷漠無情的絕然切斷母女間的關係。對此，媽媽指責賢珠是個「惡女」，痛哭著對她說：「妳都不懂我這個做媽的心情。」看見媽媽這模樣，使得賢珠的內心更為封閉了。媽媽說的話在她耳裡聽起來，像是要藉此操控自己的情感，一點也不需要憐憫。

根深柢固的不信任感

賢珠不相信人，任誰靠近她的時候，都懷疑對方是有目的接近自己。賢珠相信這世上沒有愛情，對她而言，人際關係是一種只有在交易的時候才需要的商業關係。她相信只有自己才能守護

自己，所以不曾對任何人說過「辛苦了」三個字。賢珠的信念是「人在世界上是孤獨的，必須靠自己解決任何事」。

防禦型的人在人際關係裡，總是要劃清界線和保持距離。他們的核心問題是「不信任」。他們在和人親近時，「危險感」領先在「親密感」前面。他們的內心裡住著一個被人呼之即來、揮之則去，為此感到痛苦的孩子。這個孩子處理痛苦的方法是「切斷」。他們從小就認為「一個人的孤單」比「人際關係的痛苦」好一些。直到長大，依然是如此。

賢珠不愛與人群接觸。長期以來，除了一兩位能夠理解她的狀況並親切對待她的朋友之外，她幾乎不與其他人打交道，她也不愛用通訊軟體或打電話聊天。如果必須連絡對方的時候，她會傳簡訊聯繫。賢珠不愛使用表情符號，她討厭任何情感性的表達。她也討厭和店員四目交接，所以大部分都是使用網路購物。如果她到百貨公司逛街，有店員想接近她並向她介紹商品，她就會立刻走出店家。當有人想要接近她的時候，她的心理界限就會像被侵入般，覺得自己的領域即將毀損。

數位時代來臨，慢慢開始有人拋棄面對面接觸和電話聯繫，改採用簡訊或聊天通訊軟體等間接的溝通方式。因為當面溝通很麻煩，又容易產生不必要的誤會和浪費時間。這樣的想法與其說是人們不願帶給他人不舒服的感覺，不如說是他們不想讓他人侵犯自己的時間與領域。隨著科技發達，在過去的時代裡如果要完

全不和人接觸，可能會無法正常生活；現在是一個便利的社會，不用見面也可以自己一個人過活。無人商店日增月益，機器人代替人類工作，智慧型電子產品的演進，讓生存在這個社會不用與人接觸也能生活，所以又稱這世代為「非接觸社會」（contactless society）。於是現代人的心理界限比過去變得更加封閉了。

然而，即使世界再怎麼演變，人類要斷絕所有與他人的連結和接觸是不可能的。我們天生會因為斷絕與他人的關係或不接觸他人而感到痛苦。但奇怪的是，我們周邊有許多人是自己一個人看起來也能過得很好的。因為只有自己一個人，他們可以很幸福的做自己想做的事，不用耗費任何心力在他人身上，全心投入在自己，給人一種聰明獨立的形象。但他們的內心卻與外表相反，他們深深被孤獨的影子覆蓋了。當然他們之中也有人會談戀愛、結婚和生小孩，但內心存留孤獨的人不計其數。此外，過度獨立的他們，內心裡不被愛的傷痕依舊還在。

對防禦型的人來說，他們沒有選擇的餘地。雖然想要依賴某一個人，卻沒有這樣的人可以讓他們依靠，或是依靠的對象讓他們頻頻受挫。想要存活，就得靠自己照顧自己。如果要減緩挫折的痛苦，對他們而言，最好的方式就是選擇對要「依靠」這件事死心，和獨自承受所有事情。順應型的人是利用獲得「他人的愛」撫平「得不到愛的痛苦」；相反的，防禦型的人則是利用「自我負責」來克服痛苦。成為一個照顧好自己、自己也能過得好的人，

他們就不需要其他人的關愛了。況且，傷痕是他們活下去的動力，讓他們比別人更獨立、成就的事情更多。

這類的心理性防禦，稱作「反向作用」（reaction formation），也就是刻意抑制、不做那些被禁止的行為或隱藏自己脆弱的心靈，而產生過度的反向行為。例如：具有高度性衝動的人會做出非常具有道德性的行為；或者，一個內心暴躁的人努力壓抑自己在任何情況下都不要發脾氣；又或者，外表陰柔的人過度訓練自己的肌肉讓自己看起來較有男子氣概；還有那些明明缺乏愛情、想要被愛的人，反而顯現自己很獨立自主的樣子等等案例。他們透過反向作用顯現於外的行為，通常具有強迫性、警戒性，過分的程度令人無法理解。

賢珠非常頑固，一律拒絕外在的幫助，大大小小的事情都自己解決。這類反向作用的確會帶給她成就；可是，成就雖然掩蓋得了依戀損傷，卻治癒不了依戀損傷。

在待人處事時所遇到的問題

他們的心理界限屬於警戒和封閉的，並把自己鎖在心理界限裡，以致於他們不關心其他人。他們的心理界限僅留下自我保護的功能，麻痺了相互交流的功能。當一個擁有健康心理界限的人知道有人在靠近他們的時候，他們可以選擇是否要開放心理界

限，但是防禦型的人會在這時候急於切斷與他人的接觸。不過，與其說他們沒有調節功能，更像是鬧鈴的功能過度敏感。當他人接近的時候，警鈴聲立即響起。在與他人產生親密感和掌握到那個人靠近的意圖之前，他們會先警覺到痛苦與恐懼。他們對應的方式是「保持距離」或「斷絕關係」。

對防禦型的人而言，「關心」等於「干涉」。在未經他們的邀請之下，隨意靠近他們是一種干涉、多管閒事和侵犯的行為。賢珠把其他教授們靠近她的行為全部視為一種干涉，因為她不會主動探訪其他教授的房間和好奇他們的私生活，她認為這是一個尊重他人的表現。但其實這種想法不是真正的尊重他人，而是以防禦待人的表示，換句話說，即不信任他人。

賢珠會對人保持距離，是因為害怕與他人親近，這不是一種健康獨立的表現。當有人向賢珠問起一絲絲有關個人生活的事情，她就會像個隻犰狳一樣，輕輕一碰到她，就立刻彎起身軀，打開警戒功能，關閉心理界限，禁止任何人進入。她會表現出她嚴重畏縮的模樣、冷淡無情的表情、刺耳的語氣和警戒凝視的眼神，告訴對方不要靠近自己。他們會有這樣的反應並非有意的，更不是因為他們很獨立，這是依戀損傷造成的。「過度的獨立性」是一個幫助他們自我防衛的盔甲，過去在某段時期或某種狀況下，他們為了保護自己而產生的盔甲。可是，他們應該要在緊急狀況解除後，跟犰狳一樣，慢慢舒緩開自己的身軀。然而，

他們卻因傷害太大，致使他們再也無法卸下這個盔甲。不管是戰爭、休戰、睡覺，以及活動時，他們無時無刻不穿著盔甲。最後，原本只是保護自己的盔甲，卻變成了一道無法發揮自我力量的枷鎖。德國作家安森・谷倫神父（Anselm Grün，1945-）在《寬恕不再是包袱》（Gut Mit Sich Selbst Umgehen）一書裡說：

> 受傷的人們會將他們的心房關上，產生一種我不需要愛情的傲氣。但這只是一股令人漸漸感到冷漠空虛，並於絕望中產生的反作用力。為了保護自己不被受到傷害，他們反而孤立了自己，不懂得如何形成一段真實的人際關係。他們自己創造出一種人格，阻斷所有自我渴望的愛。

賢珠會因人際關係而感到辛苦的理由，不是他人的關係，而是那個阻擋自己的封閉性心理界限。我跟賢珠說：「不僅與他人親近會覺得很累，你現在似乎也對關在心理界限內的自己感到很累吧。」賢珠沒有反駁我，她很清楚知道錯在哪裡。雖然還是害怕，但現在是時候該打開自己的心房、仔細了解別人的關心與干涉之間的區別在哪。我知道賢珠的心裡仍住著一位小賢珠，因此，我小心翼翼的向賢珠建議：

「妳因為無法卸下從小就背在身上的沉重盔甲，才導致覺得自己這麼辛苦。妳可以不用完全脫掉它，也不需要這樣做。妳現在

需要的是，仔細觀察每個人，並依照各種不同的狀況，從盔甲的一部分脫離而出即可。因為，現在的妳已經不是過去年幼的妳了。」

賢珠默默的點頭了。

● 防禦型的特徵 ●

1. 在很多人群的場合裡，無法不緊張。

2. 基本上不信任人，在有人靠近的時候，先入為主的認為對方有不好的意圖。

3. 即使是認識很久的人，與他（她）的關係裡亦難有一種親密的感覺。

4. 在團體中，既不合群又愛單獨一人行動；儘管是一件需要他人協助的事情都會盡量靠自己的力量去完成它。

5. 懂得評判是非，但從不表現出任何情感。一和他人有爭執，立即與他人斷絕關係。

6. 為了保護自己，利用冷淡的表情或帶刺的話語，來維持與他人的距離。

7. 任何的幫助都像是一種債務，必須趕快還清對方，自己才能心安。

8. 過度在意隱私，對於他人的關心很敏感。

9. 陷入自我迷思，不能接受他人的想法或建議。

10. 看似非常獨立，實際上是忙於保護自己，卻不能過自己真正想要的生活。

第 10 章

只懂自己的人：支配型

●

高度具有「自我中心性」的他們看似自信滿滿，

其實他們的「自信心」與「自尊心」相差甚遠。

令人意外的，他們對一點的批評和挫折就會感到羞恥。

●

　　璟華哭到桌上堆滿了一坨衛生紙。她說和交往一年兩個月的男朋友分手了。老實說，她當初並不怎麼喜歡她的男朋友，是因為男方熱烈追求她，她才決定要交往的。這話聽起來，比較像是男方向她索求愛情的樣子。璟華很愛要求別人，又容易生氣，儘管男方覺得很累，還是會答應她無理取鬧的要求、安撫她的情緒。後來璟華愈來愈我行我素了，不只自己應該要做的事情全丟給男朋友做，甚至因為不喜歡男友的某個朋友，就叫他不要再和那個人往來。剛開始，男友仍會乖乖聽她的話，直到受不了後，就和璟華提出分手，甚至斷絕和璟華聯繫。

這完全是一件令璟華無法想像的事情，她一直以為自己人生不會有這種事情發生。談了這麼多次的戀愛，每一次都是璟華先提分手的。當她聽到男方提分手的時候，還不能理解男方提分手的意思，更憤怒爆發喊叫著：「你怎麼能這樣對我……！」即使自己感覺有努力放低姿態來挽回男朋友，但對方依然毫無回應。璟華覺得自己悲慘至極，人生第一次受到屈辱。璟華至今仍無法釋懷，每天傳訊息給前男友罵他。我好奇的問了璟華，如果她如願與男朋友復合，她會怎麼做？

「我想要對他好，讓他再次沉迷於我，每天只想我一個人，為我感到焦躁。我有自信我做得到。等到他完全著迷於我而不想分手的時候，我再狠狠甩掉他。就算他苦苦哀求，我也會頭也不回的離開。他敢讓我變得如此悲慘，我也要把他踩在我的腳底下。」

利用支配與剝削形成的人際關係

璟華沒有任何兄弟姊妹，是家中的獨生女。媽媽對孩子的要求很高，從小就栽培璟華成為有名的演奏家。璟華在還沒背熟韓文字母前，就已經先會彈鋼琴了。因此，璟華不曾有過其他夢想，完全只投入在鋼琴練習。升上國小高年級後，她開始準備國中藝術班的考試。國小六年級那年，璟華覺得心力交瘁，不想坐在鋼

琴面前，更討厭和學校朋友分開，經常與媽媽吵架。但媽媽的氣勢也不容小覷，權威的怒火常常督促著璟華要加緊練習。她順利考上國中藝術班後，和媽媽的吵架更是愈演愈烈。不僅曾經離家出走過，鋼琴練習也曾暫停過一段時間。每次璟華和媽媽吵架，爸爸都會站在璟華這邊安慰她，不管是什麼，爸爸都會買給她。璟華和媽媽爭執愈多，爸媽之間爭吵的次數也跟著增加。在璟華升上高中後，父母分居了。終於能夠和爸爸一起生活的璟華覺得很開心，她有一種贏過媽媽的感覺。

成為鋼琴家的璟華擁有美麗的外貌，使她獲得許多男人的追求，她就在那群男人們裡挑選自己滿意的人，和他們交往。璟華的戀愛期間通常很短暫。雖然男方不斷拋出禮物攻勢和甜蜜告白，但過沒多久後，璟華就會先向男方提出不要再見面的要求。看到男人們被她玩得團團轉之後，她就不想再和他們見面了。她告訴那些男人說，她從未喜歡過他們。對她而言，和一個男人交往後再甩掉他是一件輕而易舉的事情。愈多男人向她告白，她的自尊心就愈強；她認為只要是男的都會愛上她。我與璟華談了幾分鐘後，就能夠明顯感受到她的傲慢。

　　璟華認為她和男朋友的關係類似一種偶像與粉絲之間的愛，但不是愛情。她覺得答應對方做她的男朋友，對方應該感謝她、仰慕她並讚歎她。假如璟華有什麼不開心的，她要的不是男朋友的安慰，而是藉由向男朋友發脾氣及蹂躪他們，獲得力量與優越感。

　　看看生活周遭，有些人會在騎自行車、走路或搭地鐵的時候，大聲唱歌到附近所有的人都聽得到；這些人大多有嚴重的自我中心問題。他們不會考量到他人感受，或認為別人也喜歡自己愛唱的歌曲。這就是支配型人的特徵。這類型的人於逆功能關係模式裡，呈現以自我為中心的狀態。他們常以自己為優先，如果與人產生分歧或摩擦，基本上會認為自己是對的、合理的。支配型的人相當於自我主義者。

基本上，所有的人都是自我主義者，但程度上的有所差異。我們都希望這世界的所有事可以依自己的意思任意操控。我們無法脫離自我中心，直到死亡。不過，從小種下的自我中心意識會隨著時間流逝，逐漸軟化。但是，自我過度分化的孩子缺乏關係形成的能力，他們因反覆的依戀損傷，以致他們把應該要能依靠某人的依戀欲望推回給了自己，造成一種病態的自戀，認為只有自己是重要的，其他人都不重要。這樣的「自我優越感」和「特權意識」使他們認為自己是格外特別的個體存在。任何事若少了自己，將無法正常運轉。此外，他們認為別人會遭遇到的事情，絕不能發生在自己的身上。

藏匿在憤怒後的「羞恥心」

近年流行給人們的外在印象要具備自我風格和特色，重視自我行銷的能力，這麼看來，支配型的人會很受歡迎。那些看他人的臉色做事，覺得自己很沒有個性的人，看見支配型的人可以不顧他人而自信滿滿的樣子，總是感到羨慕。但是，支配型的人外表上的自信心與其內在的「自尊心」其實有一大差距。意外的，他們對於一點點的批評和挫折都會感到羞恥。甚至，對方只是提出與自己不同的意見，他們就覺得自己被無視、備受批判。但往往對方也只是說出自己的想法罷了。

他們的自尊心看似很好強,其實他們的內心裡住著一位對依戀挫折感到羞恥的孩子。但他們自己卻否認這個事實,他們費心的不讓自己在關係裡產生痛苦或挫折,並尋求一種「力量」。唯有產生力量,他們才能抵擋痛苦的襲擊;如果失去力量,他們就會無意識的出現一種隨時可能被人看不起的恐懼。不過,有力量不等於羞恥心的消失。羞恥心仍然環繞在他們的心裡,當受到一點刺激的時候,就會傷到他們愛自己的能力。

羞恥心與罪惡感不一樣。罪惡感是對「錯誤的行為」(wrong behavior)做出自我反省;羞恥心則是對「錯誤的存在」(wrong self)產生自我汙衊。具有過多羞恥心的人,會超越罪惡感,更深入的否定自己的存在,帶給他們的自尊心致命的傷害。罪惡感會促使人們自我改善、向他人道歉;過多的羞恥心會使人的自我崩潰,或變相攻擊對方。雖然羞恥心不是支配型人特有的,但問題在於他們過多的羞恥心會讓其他人感到畏縮、意志消沉,並被他們的憤怒燃燒殆盡。其實支配型的人在憤怒裡隱藏著過多的羞恥心。他們無法忍受自己被否定,所以利用攻擊、批判對方來恢復自愛的能力。一般人無法理解他們,不理解他們為何會連這一點小事都要生氣。他們會一直生氣,是因為他們可以透過憤怒燃燒起自己過剩的羞恥心,以及利用攻擊、操控對方來獲得優越感。甚至看到被他們攻擊的人發抖的樣子,就湧上一股喜悅。外表傲慢的他們,其實自尊心是非常脆弱。

他們的心理界限是封閉的。他們與人初期的關係模式，看起來待人很好，事實上，他們是希望藉此獲得人們的認同與讚仰，並非是因為他們真的對人感興趣。他們將所有的關心放在自己身上了，即使他們和對方相處很長一段時間，仍無法完全了解對方是怎樣的人，此現象稱「共感盲」。「共感盲」造成他們在聆聽對方說話的時候，心裡卻是一直在想自己要說的話。他們認為這段關係不會維繫太久，所以他們終究還是選擇只講自己要講的話。

在待人處事時所遇到的問題

支配型的人不覺得與他人分享，以及與人產生連結感是一件很重要的事情。他們不能與人建立一段水平性的人際關係。他們把人際關係當作是一項力量的對決，只要努力讓自己站上位就行了。不管規模大小，他們總是扮演領導者的角色。他們習慣站在高處來觀看對方，認定「你的級別是劣等，我的級別是超級優等」、「你是普通人，我是非凡的人」。與他們最親近的那個人就是能夠凸顯自己優越感的人。另外，他們的關係模式有兩種：一種是不斷向對方索取認同與讚仰；另一種是透過踐踏他人來確保自己的優越感。能夠與他們維繫關係的人，必然具有上述兩種或其中一種的特徵。這種只顧及自己、只有

單方面的關係模式，雖然會招致許多摩擦與對立，但也會讓他們在這段關係裡占上風。

　　他們的言語非常直接、具有批評性及命令口吻。就像老師教導學生、父母管教孩子或長輩說教晚輩那樣，整體對話內容就是要對方聽取自己的話去做事。在他們面前，「我有錯、你也有錯」這樣的的溝通交流是行不通的。他們處理衝突和矛盾的方式具有攻擊性。他們擅長以攻擊的方式表達自我主張，找尋對方的弱點、失誤後就抓住咬著不放，比如說出：「你懂什麼」、「你太優柔寡斷了」、「你很自私」、「你很蠢耶」、「幹嘛這麼敏感」等等等。另外，他們也會試圖去改造對方。他們的目的是將對方改造成一個聽話、讓自己滿意的人。在沒有對方的同意或請求之下，以命令或強制手段迫使對方做出一些不可理喻的事情，這樣的行為可看作是支配型的人最愛使用的連續攻擊手段。他們覺得要改變一個人很簡單，如果會產生衝突都來自於對方的無視。他們的說話方式一點也不溫柔平和，通常伴隨著語言暴力與威脅，比如：「我就跟你說要這樣做了！」、「你為什麼不照我的話做！」、「是你說要這樣做的！」、「你內心在嘲笑我吧！」

　　他們為什麼會這麼執著要贏過對方、支配對方呢？因為「優越感」是他們的精神糧食。對他們而言，自尊心很重要，但優越感更是生命的必需品。但與其說它是優越感，不如說它是一種藏匿自己脆弱羞恥心的病態自我防衛。

他們在談戀愛的時候，剛開始會對另一半很好，但後來會因自己不安定的心理界限，使他們漸漸開始折磨對方。支配型的人常以自己的方式來維繫關係，如果另一方的心理界限是健全的，會在這段關係中有一種不被尊重的感覺，他們會決定切斷與支配型人的這段關係。

與支配型人相處會產生問題的，是心理界限模糊且優柔寡斷的人。他們羨慕支配型的人，他們不知道支配型人外表上的威風不是真正的「自尊心」與「自信心」，而是一種「優越感」與「特權意識」。所以，他們和支配型的人建立關係後，反而可藉由他們的力量與權力，感受到自己被保護，或以為可以利用他們的力量來保護自己。所以，這些心理界限模糊的人，不會抗拒與支配型的人建立一段從屬關係，更容易被支配型的人拉著走，甚至產生一種錯覺，覺得他們說的話都是為自己好。久而久之，他們雖然多少也會對支配型人的暴力行為感到反感與抵抗。但是，支配型的人非常會營造兩人之間的情感枷鎖，善於將過錯歸咎於對方，當對方接受都是自己的錯，心理界限模糊的人就無法脫離他們了。總而言之，支配型的人會一直攻擊到對手投降為止。

支配型的人，其人際關係的問題不因年紀增長而有所改變或緩和柔化。只要自我能力、地位、影響力減弱，他們就愈感到羞恥，就愈會折磨自己身邊的人，藉此獲得更多的優越感。他們的

自我中心性強盛，時常把過錯怪罪於他人，也就更不容易意識到自己的問題。

他們如果生活在一個組織裡，亦會發生許多問題。堅持以自己方式做事的他們，常與同伴們不能好好配合，在夥伴關係上以及凝聚夥伴的向心力上容易產生問題。如果領導者是支配型的人，他們會不考慮整個團隊的全體利益，更偏向於自己的業績與成果。他們如同一隻競賽馬匹，具有非常強烈的目標指向性。他們會設立一個無理的目標，鞭策大家要奮發達標。更嚴重者，甚至會毫不猶豫的將底下員工的工作成果直接搶過來變成自己的，嘴上說是為了栽培員工，其實他們一點都不關心員工的個人成長。當這個員工可以利用的時候就利用他，直到他的利用價值消失，最後就冷酷的拋棄他。如果這個支配型的人是員工，他同樣是既不合群、又習慣以獨斷和自我為中心的方式來處理事情。如果他的上司是心理界限模糊的人，就會很容易受到這位支配型員工的影響，聽員工指示做事。

● 支配型的特徵 ●

1. 不管到哪裡，都希望成為矚目的焦點，受到大家的讚揚、景仰。

2. 過度的勝負欲，讓自己一定要占上風；如果遇見一位比自己更優秀的人，就會對他產生極大的忌妒心。

3. 覺得自己很特別，並認為自己有資格獲得他人沒有的特權優待。

4. 總是不滿足於現況，並不斷向前獲取更多的物質。

5. 如果產生關係摩擦，會一直推責給對方，直到對方屈服。

6. 非常在意任何的意見或批評。

7. 心情不好的時候，就藐視親近的人，將他們貶低成傻瓜，確保自己是優越的。

8. 無法與人深入交往，但會找尋一個能幫助自己或照顧自己的另一半。

9. 無法付出感情，也不能考量到對方的立場，只說自己想說的話。

10. 隨著年紀增長，依然只會沉溺在不切實際的成功、天上掉下來的光榮，以及理想愛情等等幻想中。

幸福的
人際關係條件

擁有健康的心理界限所需的五大條件

健康的心理界限並不是一種抽象的概念，
它具體象徵了五種「關係的資源」：
「關係調節力」、「互相尊重感」、「揣測心之心」、
「高強度的摩擦恢復力」及「誠實的自我表現」。

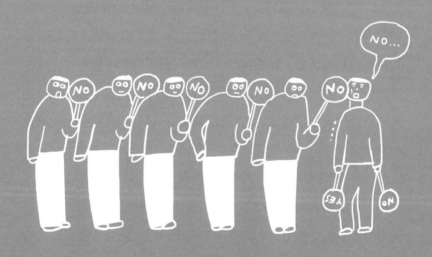

藉由前十章之說明，我們了解依戀損傷會造成什麼樣的心理界限發展問題，以及它對人際關係會造成何種的扭曲。在第三部之中，我們將要探討健康的心理界限為何？擁有健康心理界限的人，他們的人際關係模樣為何？所謂的健康心理界限，是指「能夠建立且維持一個對我也對你好的人際關係能力」。然而，要能擁有這樣的能力，我們需要五大功能互相協調運作。以下，先來簡單敘述這五大功能的意義。

　　一、「關係調節力」。具有關係調節力的心理界限是柔韌的。他們可依據與對象之間的親密度不同，調節兩人關係之間的深度與距離。對於他人，我們要有基本的信賴外，也必須具有合理的懷疑。兩人的關係愈親密，愈有深度交流。具有關係調節力，才能在人際關係受到危險時，即時保護自己。

　　二、「互相尊重感」。不僅尊重我，也尊重你。具有這項能力的人們，與其說他們克服了自我中心，不如說他們正確的認知到自我中心的真意。他們可以了解到自己喜歡的事物可能會是對方討厭的，並知道我與對方之間的認知上的差異，不是因為我是對的他是錯的，或者他是對的我是錯的，而是因為我與他的觀看角度不同。

　　三、能同時揣測我與對方心理狀態的「揣測心之心」。在情感上、認知上與實際行為上都能與他人引起共感。他們感同身受對方的痛苦並施予親切的安慰，但不會因此就覺得要對他人的

人生負起責任或操控他人。他們能考量到什麼才是對方需要的，以及在自己能力所及的範圍內去協助對方，讓對方能夠自行解決問題。

四、「高強度的衝突恢復力」。心理界限健康的人知道一段關係愈親密，就愈會產生摩擦。他們想要的人際關係不是一段沒有衝突、純粹的良好關係，而是一段經歷衝突後產生的良好關係。如果有衝突，他們不會批評指責是誰的錯，他們覺得應要先理解對方的想法後，再重新打造屬於兩人的連結感，這才是重要的事情。他們通常會先主動解決彼此的問題，並建立一段相對長久與安定的人際關係。

五、「誠實的自我表現」。懂得表達自己心裡的想法，但他們也能顧慮他人感受，以委婉的方式誠實表達。在表達自己的立場時，他們會給人一種被尊重與溫柔的感覺。此外，他們不僅誠實表現出自己的情感，更包含了自己的興趣、喜好與欲望，形成一個自我的世界。藉此，他們易與和自己相似的人們互相建立關係。他們有能力可以在擁有自我世界的狀態下，不操控他人，也不在人際關係裡索求除了需求以外的東西，以及能為自己帶來快樂。

第 11 章
關係調節力：調節關係深度的能力

●

在這個合作與背叛共存的社會裡，

當個「有差別的利他主義者」

比起當個「盲目的利他主義者」，更有利於生存。

●

　　擁有健康心理界限的人，懂得如何調節兩人關係之間的深度與距離。人類天生是社會性動物，會希望在每一段關係裡都可以互惠交流，雖然實際上不可能完全做到。比如我給你一個，你不一定就會還我一個。不管是先天還是後天，在社會裡，我們都希望自己能擁有得比別人多，甚至把別人的東西占為己有。簡言之，在我們的社會裡分為三種人：一是利用他人並壓榨他人的人；二是得到多少就付出多少的人；三是大方分享自己的東西給他人的人。不過，一個人不可能只特定是某一類型的人，根據環境情況、時機與對象的不同，可能就會展現不一樣的面貌。

那麼，我們在這個既多樣又複雜的社會裡該怎麼做呢？是展開雙手相信對方，還是為了避免被他人背叛，任誰都不相信，一個人獨自過生活？於一九八〇年代，美國政治學家羅伯特·阿克塞爾羅（Robert Axelrod）進行了一項實驗。他提倡舉辦一場遊戲淘汰賽，一個既需要相互協力又要背叛他人的「囚徒困境遊戲[1]」。他鼓勵各領域的理論專家共襄盛舉，包含經濟學、心理學、社會學、政治學和數學等專家。其中獲得優勝的參賽者是使用了一個非常簡單的方法致勝，這個方法是「以牙還牙策略」（Tit For Tat）。此策略的開端是先和對方合作，再觀察對方的反應後，做出「以牙還牙」的回饋行為。

　　首先是大家互相幫助。如果對方僅是接受自己的協助卻背叛自己的話，將拒絕與他往來；反之，若對方也在接受幫助後回饋自己，即能再次幫助對方。是否很簡單？在這個合作與背叛共存的社會裡，當個「有差別的利他主義者」比起當個「盲目的利他主義者」，更有利於生存。想要在這個社會裡過得不錯，就必須了解那些與自己有關的人們各是一些怎樣的人，根據不同的人事時地物，分別對每個人調節自己的心理界限的開放程度。

---

[1] 囚徒困境（Prisoner's Dilemma）是賽局理論中具代表性的例子，反映個人最佳選擇並非團體最佳選擇。

健康的心理界限是生命正反兩面的合併

我們內心的欲望與外在世界在某一程度上是相呼應的。這項讓內心欲望與外面世界相呼應的事物，即為「基本信任」。而媽媽即是教導孩子如何擁有基本信任的主要角色。然而，學習「何謂不信任」亦是一件非常重要的事情。其實，我們所具備的基本社會態度，其決定因素是我們在對人信任與不信任之間的比率多少。當我們處於某一情況的時候，我們需要分析我們對這個人可以信賴的程度？以及其信賴不能超過哪個程度？（……）在充滿變化的世界裡，人們將不斷的碰撞，在信任與不信任之間互相拉扯。因此，在生活的過程中，我們不僅要牢固自己的期望，更需要持續反覆的確認自己的期望。

以上為美國精神分析學家艾利克‧艾瑞克森（Eric Erikson，1902-1994）的一段話。艾瑞克森認為一個情感健康的人，並不是除去任何「負面情感」僅留「正面情感」的狀態，而是能以正面情感為基礎，添加一些負面情感的平衡狀態。他強調，一個人需要同時擁有信任與不信任他人的能力，兩者都很重要。一個人的精神健康，是指此人擁有「合併生命正反兩面的能力」。當一個人對任何事情都只抱持信任且展現樂觀的態度，並不代表這個人就是一

個健康的人。他可能是一個「盲信」的人。相反的，如果一個人對任何事物都充滿不信任，他將無法在社會上生存下去，他們無法與人共同合作、締結人際關係。

在過去的社會潮流裡，人們曾經一度強調積極的力量，流行積極思考、積極的想像，覺得如此這社會就能蔓延著幸福的力量，彷彿只要你懇切的許願就能實現願望。然而，這種積極想法帶來的結果卻是虛無一場，身處一個由少數人獨占資源及優勢的社會裡，單靠個人的積極力量就想要成功，真是一件天真浪漫且不切實際的事情啊。但如果懂得考量生活與人際關係裡的正反兩面，一面對人有基本信賴，另一面對人保持合理懷疑，應更能夠在社會上生存。

大多數的人以為信任的反義詞是懷疑，其實在人際關係裡，信任的相反不是懷疑。信任不是一種信仰，我們必須自我警戒，千萬不要產生盲目的信任。

適當的懷疑與主動思考的能力

假設你是一位大樓管理員，如果大樓前面有人徘徊不走，你一定會對那個人產生疑心。如果有一個人在毫無特別理由之下，過度親切的善待自己或是獻殷勤，你當然會懷疑這個人是否有什麼不良意圖，並對他心懷警戒。又或者以商品為例，明明是同款

商品卻在不同的網站上賣得特別便宜，你同樣會懷疑商品的真假，是否有什麼其他問題。這稱為「合理懷疑」（reasonable suspicion），並不是毫無根據的直覺，而是根據一定的具體事實產生的疑心。

那麼，什麼是「批判性思考」（critical thought）？我們常將「批判性」與負面的感覺相互連結，當我們被他人指責道：「你為什麼這麼愛批判！」常會覺得批判是負面的。「批判性」的相反詞是「盲目性」。「批判性」意指把某一種主見或想法放置於各種可能性裡，進行分析的主動性思考。我們要有進行思考的批判性能力，才能按照合理與實際狀況來解決問題，同時亦能守護好自己的世界。不懂如何進行批判性思考的人，只能跟隨他人的想法生活。

心理界限健康的人，在人際關係裡亦有合理懷疑與具備批判性思考的能力。雖然孩子們的心理界限因尚未發育完全，心理界限理當是模糊的，促使他們會全面吸收他人的想法、情感和主見。不過，隨著孩子成長，他們的心理界限漸漸發展健全後，心裡會產生類似過濾器的功能，幫助他們過濾各種事情，需要的東西就接受，不需要的東西則還給對方。這項功能又稱作「精神消化能力」。

既然如此，心理界限有問題的人會變得怎樣呢？以順應型的人為例，他們會刻意迴避兩人間的摩擦，並強調彼此的「一體感」。因此，他們對人無法產生合理的懷疑與進行批判性的思考。

對他們而言，疑心是破壞「一體感」的有害物質。別說是懷疑了，即使是一個明顯被扭曲的事實或單方編織的故事，他們也會全然相信。舉例來說，他們的配偶儘管已經有明顯的外遇跡象，他們口中仍會說：「不是的，不可能的！」自己先掩蓋事實真相後，再苛責自己對另一半產生懷疑。就算是看見疑似自己的老公與不認識的女性在一起，他們想要確認的卻不是單純的真相，他們可能是想確認「那只是一個和自己的老公長得很像的人罷了！」他們只想確認自己所認定的事實就是真相。如果換成防禦型的人，他們會從懷疑每一件事情開始，賦予事物負面評價。這樣的人同樣會產生問題，因為不管靠近他們的人是誰，都會先懷疑對方。

支配型的人又會如何反應？他們同樣無法對人作出合理的懷疑。一開始，他們雖然會懷疑對方，卻會慢慢讓自己陷入錯覺之中。當有一個人沒有理由、過度親切的照顧自己的時候，他們會認為是因為自己是特別的，所以對方會這麼做很合理，他們會覺得「那個人喜歡我啊！」或「像我這樣的人。理當要受到如此的待遇！」所以，騙子通常可以完美掌握支配型的人期望擁有特別待遇的心理，於是他們反而更容易受騙。

在人際關係之外，在自我關係裡的合理懷疑與批判性思考亦是非常重要的必需品。心理界限健康的人對自己亦有信任與不信任的自我批判思考。自己認知到的事情是正確的嗎？相信自己的認知是正確的嗎？現在走的這條路，真的是對的路嗎？自己認定

的幸福是真的幸福嗎？他們會用這樣的方式反問自己。他們可以接受與自己想法不同的新資訊，改善自己的錯誤。對人沒有合理懷疑和不懂得進行批判性思考的人，是絕對無法自我了解的。

公式的分化與基本信賴

一九九二年十月二十八日晚上，韓國達米宣教會所屬的八千餘名教徒一邊哭喊著一邊禱告：「上帝啊，上帝啊，求您帶我們去天堂吧！」這天晚上十二點，唯有被欽點的教徒才能升天，又名為預告的「被提²」時刻。然而，過了午夜十二點後，一點事情都沒發生，這讓信徒們受到極大的打擊。一九九二年，根據警察調查，當時因為達米宣教會末日論的影響，信徒中有兩名自殺、二十一名休學和二十四名離婚，造成許多家庭失和。這些信徒們的後續生活狀況如何呢？大多數的人在受到衝擊後，已慢慢回歸正常生活。但令人驚訝的是，竟仍有部分信徒持續的變更被提的日期，期待真正的被提日來臨。舉辦被提活動的首位牧師已收回原本提出的末日論，這些信徒們依然屹立不搖，癡癡等待著。

他們為何不改正自己所相信的事實？因為他們相信的並非事實，而是相信自己想要相信的。在人際關係中，同樣有類似的情形。一般人在被人傷害或利用後，將不會再輕易相信他人，但有

---

² 被提：末世論的一種概念，當耶穌再臨時，獲得救贖的信徒會升天與耶穌相會，身體也會升華為不朽。

些人仍會選擇一直相信，甚至相同的遭遇會一再發生。到底是為什麼，不斷經歷如此令人痛徹心扉的事情，為何仍不能改變自己的認知呢？

認知心理學中有一個用詞「公式」，意指人不會在沒有先入為主的狀態下吸取一個新的經驗。人會透過先前的經驗，創造一個「心理公式」。心理公式讓我們的大腦可以「分流」和「體系化」。舉例來說，大腦本能上可以認知與區分「可以吃的」和「不能吃的」、「危險的」和「安全的」等等，人類使用這樣的公式能快速判斷現實狀態，並產生對應方法。因此，人類能夠具有高度的生存力與適應力。然而，人的大腦並非打從出生就具有一定的公式，公式是由經驗創造與強化而來。然而，並非每一個公式都是適用的（adaptive），先入為主的公式經驗反而有可能讓人無法看清事實。

例如：一個小孩進到房間後，拿起一個掉在房間裡的圓形物體並吃下去了。好好吃啊！原來是糖果。這時候，孩子的認知裡產生「圓形物體是好吃的東西」的公式；之後，孩子又發現了一個圓形物體，因為孩子將圓形物體歸類為是好吃的食物，即快速的將它了吞下去。假設這次的物體不是糖果，而是一顆彈珠的話，不僅不好吃，還會讓孩子噎到而發生危險，出現公式與經驗不一致的現象。這種現象發生的時刻，反而是最重要的，我們才能夠藉由這類公式與經驗不一致的現象去發展大腦的認知。

最理想的認知發展是公式的分化。過去的經驗不全然都是否定的，它需要慢慢被修正與雕刻。比如：「圓形物體可能是好吃的東西，也有可能是危險的東西」，這麼修正來讓大腦裡的公式更精緻、具體化一點，即可完成理想的認知發展。但是所有人都能完成公式的分化嗎？當你腦中的公式與現實經驗相衝突的時候，你的反應是什麼？

不能完成公式分化的極端反應類型，可分兩種。一種是公式的固著，意指當自己的公式與經驗不一致的時候，牢固的守在原地。比如：明明差一點被彈珠噎住，這個孩子卻依然相信「圓形物體是好吃的東西」！在這種情況下，他們無法藉由失誤與危險吸取教訓，總是犯同樣的錯誤、遭遇相同的危險。相反的，另一種情況則是公式的逆轉。他們會全面否定「圓形物體是好吃的東西」的公式，並認定「圓形物體是危險的東西」！簡單來說，因為曾經遭遇危險，不管是糖果或彈珠，他們會避開所有圓形物體。

人際關係的經驗亦適用於上述的公式概念。即使父母滿足孩子所有的依戀欲望，也不代表孩子即可有正常的物體恆常性發展。不管是多麼慈愛的媽媽亦不能隨時隨地關注著孩子，所以總是期待媽媽全心全意照顧自己，陪在自己身邊的孩子多少一定會受到一點依戀欲望上的挫折。因此，對孩子而言，依戀對象是滿足自身依戀欲望的「好對象」（good object），亦是在某一刻毀損自身依戀欲望的「壞對象」（bad object）。剛開始，孩子沒有辦法接

受與統合依戀對象的兩面性——同樣是媽媽，一下子她是個好媽媽，過一會兒她又變成了壞媽媽？

直到孩子滿三歲，並擁有物體恆常性的認知之後，才能將具有兩面性的媽媽統合成同一個對象。雖然依戀對象不是一直滿足自我需求的人，但以統合性來看，他是可以滿足基本自我需求的對象。這就是「基本信賴」。但這並不代表孩子因為對依戀對象抱持著絕對性的信賴，就能讓孩子產生安全性的依戀。孩子要在不足中，仍對依戀對象有基本信賴，才可形成安定性的依戀。意思是，安全性依戀的形成，並非在孩子未有任何依戀欲望的挫折狀態下產生的，它是在不可迴避受挫的狀態下，透過孩子的統合能力而衍生的。孩子認知到自己的依戀對象也有可能會讓自我需求受挫，並且理解到他們不能全力將關注放在自己身上之後，他們也就能懂得愛護依戀對象。當然，這是一件需要累積足夠的依戀欲望的滿足，並可擁抱挫折的條件下，才可能完成的事情。

對於自我與依戀對象完全分化而過度分化類型的人，常會發生公式逆轉的現象；對於自我與依戀對象不能分化的未分化類型的人，則產生公式固著的現象。例如：在愛情中，對方非常善待自己，但仍會在某一時刻做出自己不滿意的行為；若是自我過度分化，剛開始會認為對方是一個很棒的人，直到發現對方展現出令人失望的模樣後，立馬轉變對他的評價與態度。十件事情裡只要有一件事情做不好，前面九件事情就算做得很好，也是白費。

單就這一件事，在自我過度分化的人心中，對方就成了一個壞人、可惡的或不可信任的人。

　　相較之下，自我未分化的人的情況是，即使對方不斷為自己帶來傷害或無視自己，卻還是認定對方依然是那個一開始很棒、需要自己幫助的人，因為他們被自己的公式被固著了。就算被傷害、利用，自我未分化的人還是不會改變對方是個好人，是一個自己要負起責任的人的想法。他們像個孩子，就算照顧者不斷讓自身的依戀欲望受挫，仍乖乖圍繞在照顧者身旁。總而言之，自我過度分化的人不具有基本信賴；而自我未分化的人則不具有合理懷疑。

　　心理界限健康的人可以完成公式的分化，當自己的公式與經驗不一致的時候，他們會藉機將自己的公式更精緻、柔軟和體系化。他們透過失誤記取教訓，不讓自己再犯同樣的錯誤，隨著時間流逝，會讓自己的人際關係愈加成熟。

第 **12** 章

互相尊重感：既分開又一起

•

尊重自己卻無視他人，將引發性格障礙。

尊重他人卻無視自己，與神經病沒兩樣。

•

　　心理界限有問題的人，他們建立的人際關係都屬於單方面的關係。不管是支配或順應，都是一種垂直的關係，都是單方接受或單方付出的關係。相較來說，心理界限健康的人，他們建立的人際關係屬於水平與相互的關係。讓我們能建立一段水平關係的最重要決定因素在於「相互尊重的態度」。尊重自己卻不尊重對方、尊重對方卻不尊重自己的態度，或是雙方互相不尊重，都不能讓自己能建立一個水平的人際關係。

　　健康的水平關係，等同於你我相互尊重的態度。在這個世代裡，自我存在感低的人愈來愈多，其因並非個人因素，而是

未成熟的社會而造成的。這個世代裡，最需要的不是個人尊重，需要的是對人類的尊重。只有在一個尊重人類生命的社會裡，大家才能維持自我的存在感。如果我們自己也不認同我們生存在一個不錯的社會裡，自然也不會認同自己是個不錯的人，自我存在感必然也會是低的。人類是一種社會性動物，互相具有連結感，擁有健康心理界限的人，最大的特徵就是擁有超越自我存在感的相互尊重感。

人際關係中最重要的是？

人際關係中最重要的是什麼？我們可由傳說的亞瑟王故事得知。某一天，亞瑟王出外打獵，途中迷路於森林深處，差點要被怪物吃掉，但亞瑟王不服輸的氣勢，讓怪物感到驚訝，牠給亞瑟王一次機會，並對亞瑟王下了魔咒，讓他的生命只剩下一年的時間，要求他若能在一年內解決一直以來困擾自己的問題，就幫他解開魔咒。毫無退路的亞瑟王只能接受提議。這個長久以來困擾怪物的問題是：

「女人真心想要的東西是什麼？」

各位讀者，你已經有想法了嗎？當亞瑟王回到王國後，每日

茶飯不思的找尋答案，他問遍所有公主、學者、賢者，甚至妓女和戲子，都無法得到令人滿足的答案。就這樣過了一年了，眼看約定的日子即將來臨，亞瑟王吃也吃不好、睡也睡不好。各位讀者，你已經有想法了嗎？

這時候，某位大臣向亞瑟王傳報：王國的最北方地區住著一位老婦，她知道答案。因此，亞瑟王帶領圓桌騎士快馬加鞭的來到北方找尋老婦的下落。亞瑟王在看見這位婦人的瞬間，嚇了一大跳。她容貌醜陋，說話時又會從口中飄散出異味。可是，亞瑟王已無任何選擇餘地了。

老婦並沒有直接回答亞瑟王的問題，卻另外提出條件，要求亞瑟王傾聽自己的請求。她要求亞瑟王下令讓圓桌騎士裡最勇猛的高文騎士與自己結婚。這時，亞瑟王陷入了苦惱。但忠誠的高文騎士表示，如果這樣做可以救活國王的話，他願意奉獻自己。最終，亞瑟王如願的聽到老婦的回答。答案究竟是什麼呢？

「女人真的最想要的東西，是由自己主導自己的生活。」

很意外嗎？不過，想想封建時代的女性生活，也許就不奇怪了。老婦的答案讓亞瑟王解除魔咒，並贖回自己的生命。贖回國王性命的代價是讓忠誠的高文騎士將醜陋的老婦娶為妻子。在洞房花燭夜，老婦要高文親吻她。高文閉上眼後，真的親吻了她，

在這一刻，一件令人吃驚的事情發生了。高文睜開眼後，眼前醜陋的老婦消失得無影無蹤，現身眼前的是一位從未見過的美女。原來這位美女也是受到怪物詛咒為老婦，解除魔咒的方法是找到一位能尊重自己醜陋樣貌的男人。可惜的是，怪物的詛咒具有雙重涵義，她只能算是解開了一半的魔咒，一天裡，她只有半天的時間能恢復美女的樣貌。因此，她問了高文：

「你喜歡白天的我？還是夜晚的我？」

如果是你的話，你會怎麼選擇呢？賢明的高文又是如何選擇的呢？高文的回答是：「不管妳選擇做哪一個妳，我都尊重妳的決定。」

當婦人聽見尊重兩個字後，剩下的魔咒也一併解開了。她遇見一位尊重她的決定的人了，於是她完全恢復了美貌。這個有趣的故事裡蘊藏人際關係的核心智慧。假使你不尊重對方，這段人際關係將變得醜陋，如果你能尊重對方，將會是非常美妙的關係。這是理所當然的，不是嗎？只有尊重別人，別人才會尊重你。然而，我們也不要忘記，在尊重別人之外，也要尊重自己。

融洽相處卻又不同

因此，孔子於《論語》〈子路篇〉亦曾說過：「君子和而不同，小人同而不和。」君子能夠和平相處，但不求相同；小人強求相同，卻不能和睦相處。協調健康的人際關係不僅需要兩人成為一體的融洽感，亦需要尊重彼此不同的個別差異。萬一不能做到這種程度，單追求成為一體的融洽感，這段關係裡只會讓雙方留下摩擦。造成摩擦愈變愈大的罪魁禍首不在於雙方的差異逐漸變大，是因為雙方不懂得尊重兩人間的差異。

首先，我們先來好好了解尊重彼此差異的涵義是什麼。有部分的人將「尊重差異」解釋為「你是你，我是我」，因彼此是不

同的個體，所以不要干涉彼此，各以各的方式生活。這樣的方式很像哪一種逆功能人際關係模式的類型呢？沒錯，是「防禦型」。這類的人常以「完全尊重彼此差異」或「我很大方」的方式，將自己的「尊重差異」合理化。但其實，這樣的尊重差異就像是一起出外吃飯，但卻各自在不同的餐廳裡用餐一樣。兩人在一起，不單是兩個人在一起的事實，還有互相成為一體的融洽感。不同的兩個世界若不能互相交流、彼此滲透了解，以及連結成「我們」之間的領域，這段關係就只是一段表面關係。費心的要讓兩人融合為一體是「自我未分化」的特徵；將兩人在一起的事實看成兩個體共同存在是「自我過度分化」的特徵。這兩種關係皆不屬於互相交流的關係。唯有尊重你我，並共同擴展「我們」的領域，才是健康的人際關係。

「不同」之意是指，我與他人需要的事物並非都相同，我亦不須費心讓自己與他人相同。言下之意，我們在人際關係裡不要失去了「自我」。不失去自我的核心方法，是能在雙方關係裡尊重自己的想法、情感、興趣及欲望等等。單單尊重他人而忘了自己，這不是一種健康的尊重，而是一種不健康的尊重。所謂健康的尊重，是指尊重對象包括他人與自己。只看重自己而無視對方的態度，或只重視對方而不尊重自己的態度，都各有問題。假如你只認為自己是重要的，將會引發性格障礙問題；相反的，如果你單是尊重對方而不在乎自己，則會產生不健康的症狀。「我是

這樣的人，而你是那樣的人」和「你很重要，但我也很重要」，這兩種態度才是不失去自我的健康關係心態。

文化與文化之間的交流亦存有相同道理。自我文化裡存有自我主體性，當接受外來文化的時候，不僅不會帶來自我文化的摧毀，更會帶來文化的繁榮。就像在活化傳統文化的同時，會使得傳統文化更加豐富新穎。相反的，如果自我文化裡沒有自我主體性，當全面接受外來文化的時候，自我文化必然會逐漸消失。

如果我可以尊重自己，在與人親近的時候，就能感受到自己的圍籬被「拓寬」了，而不是受到「威脅」。因為遇見了他，我才能看見那個未知的新世界。韓國詩人鄭玄宗曾說過：「人之誕生是一件非常不可思議的事情。」因為人誕生後，才會有人的一生，我們與他人相遇時，宛如遇見新世界。與他相遇後，我有了新的喜歡的音樂、體驗人生第一次感受到的情感、發掘與自己不同的想法，讓我們的生活多采多姿。這就是「友情衍生的愛情」、「互惠的愛情」，又稱為「相互友愛」（Philia，為希臘文）。

韓國的文化相對來說是安定的。文化，是人類群體生活在同個環境下產生的各種習慣。以一個國家或民族為單位，我們可輕鬆知道文化的涵義為何，但將其套用於個人的生活裡，就不得其解。其實，家人之間亦存在各式各樣的文化，雖然是同一個家庭的人，但每一個成員都具有不同的思考、興趣、飲食習慣、生活模式與政治色彩。這個社會愈是多元、個人化的時候，文化的單

位就愈小。文化的最小單位為「個人」。團體文化相對性穩定的同時，個人文化的相對性亦需要穩定。假使將文化差異視為優劣或對與錯的問題，彼此的摩擦只會愈來愈深。

跳脫機械的對稱

　　心理界限健康的人，在人際關係裡擁有對稱的觀點。看待自己或他人都是同一個對稱標準，他們不將與他人擁有不同意見與需求，視為你我之間的優劣或是誰對誰錯的問題。假設有一對夫妻，先生的興趣是寫毛筆字，太太的興趣是學跳舞，他們之間只能說是各自的興趣與個人氣質不同，不能說誰比較優越或低等。我有自己的興趣，但我不認為對方也要和我有一樣的興趣。然而，問題出在於親密的人際關係裡常有因持著不對稱的標準與量度，因而產生矛盾。

　　這是在辦公室裡都常發生的情感調節問題。我的一位病患是無時無刻不生氣的職場媽媽，當我詢問她原因後，她這樣回答：「我說完一遍後，別人仍聽不懂，要我把同樣的話說第二、第三遍，我的火氣就會上來。我很討厭聽不懂人話的人。」這位女性心中有著一把尺，她的標準是「我說一遍，你就應該要聽得懂。」那麼，她本人在聽完他人的解說後，就能立即理解對方的意思嗎？答案是不能。她也會有不能馬上理解對方意思的時候。

在這種時候，她都會說是因為對方說的話實在是令人無法理解，並將責任怪罪於對方。最後她向對方說：「你話好好說啊，要這樣說到我聽懂為止，你到底要解釋幾遍啊！」這很明顯是不對稱的思考模式。

夫妻或戀人之間會有「你不說，我怎麼知道你想要什麼？但我不說，你要知道我想要的是什麼。」、「我可以外宿，但你不行！」、「我不喜歡扮黑臉，但你要會扮黑臉！」等等的思考模式，這都是不對稱的標準。這樣的標準與期待，長期累積下來，將為成為引爆關係破裂的導火線。

由於人類本質上是一個以自我為中心的個體存在，就算是心理界限健康的人也無法一直維持對稱的標準。但是他們有能力去發現關係不對稱的現象，並自我反省。因此，他們努力的在找尋對稱點。假如，有一個人期望對方可以自行領會並做出符合自我期待的行為，結果對方卻讓他失望了，這個人如果是心理界限健康的人，他會以自我反省代替批評對方，例如：「對啊！如果換作是對方什麼都不說的話，我也就不能知道對方想要的是什麼，所以，我應該要告訴對方我想要的是什麼。」

但我們要小心謹慎，不能把上述的一般性對稱與機械性對稱相混淆。所謂機械性對稱，是指一個人拿著同一把量尺套用於任一個問題或領域上；但由於彼此的個性、擅長和角色皆不同，機械性對稱只會讓彼此的關係產生更大的裂痕。像是夫妻間若認為

我們是雙薪家庭，所有家務事就一定要各分擔一半的責任，就缺乏彈性；應該考量到兩人所擅長的事物與自身條件不盡相同，比如：一個人負責這個，另一個人負責那個。機械性對稱的問題不亞於不對稱的思考模式，況且，兩人關係的摩擦更會使得機械性對稱固定化。

第 13 章

揣測心之心：我的心與你的心

●

懂得揣測心之心的照顧者，

孩子長大以後也會關心自己的心。

●

　　假設你有一個上國小的孩子，孩子在學校被嘲笑太胖，當他回到家後，你會怎麼對孩子說呢？這不單是攸關父母能不能與孩子產生共感反應的問題，還有孩子能否真正被安慰到的問題。每對父母的共感反應會不一樣。有些父母會嘆息道：「哎啊！這該如何是好！」有些是生氣的問：「誰嘲笑你的？名字報上來，我去跟老師說！」還有一些是安撫孩子說：「你這樣哪算胖！」、「左耳進右耳出，聽聽就好！」有些甚至認為要做出更激烈的反應：「欸，你就乖乖的讓他嘲笑你？這時候就不該忍著，該反駁的就要反駁回去！」另外，有一些父母想要更準確的了解事實真相，

他們會問：「他在嘲笑你之前，你有說了什麼嗎？」、「在那之前，你和他的關係是不錯的嗎？」還有部分父母在聽完孩子的話之前，先安慰孩子：「你很傷心吧！」或者，不安慰孩子，反而火上加油的責怪孩子：「我不就跟你說過了，叫你少吃一點！」

除了和孩子產生共感反應之外，有些父母會傾聽孩子內心的想法。比如：「聽到這些話的時候，你的心情如何？」、「你很生氣吧！那你怎麼做？」、「沒能反駁，所以更傷心了吧？當時你想說什麼？」、「你會更在意其他的孩子看你的眼光吧！在意他們是怎麼想的嗎？」、「現在心情如何？」或「下次再發生同樣的事情，你會怎麼做？」等等，父母在充分了解孩子內心的想法後，即可對症下藥，給予適當的安慰與建言。

形成安全依戀的育兒祕訣

有愈來愈多的心理學家以依戀對人類發展有重大影響為主題進行研究。其中，有部分的學者還在可形成安全依戀的照顧者，與不可形成安全性依戀的照顧者之間做了研究比較。由於安全依戀非單依靠努力與時間就能完成，學者除了探究過去相關論文之外，亦另外拍攝了孩子與照顧者間彼此交流的實驗影像，觀察分析其特徵。所以，形成安全依戀的核心因素為何？

英國約克大學心理學教授伊莉莎白・梅恩斯（Elizabeth Meins）指

出形成安全性依戀的核心要素為「揣測（孩子）心之心」（Maternal Mind-Mindedness）。能與孩子締結安全依戀關係的照顧者，在養育小孩的過程中，可以揣測到孩子的心之所想。因此，他們比其他照顧者放更多焦點在孩子的心理狀態。與孩子在一起的時光裡，不單是陪伴孩子玩樂，亦使用許多「揣測心理狀態的語言」（mind-minded talk）。換句話說，他們更加傾向注意與孩子的相互交流、溝通，並於照顧小孩的同時，一併觀察孩子的心理反應，比如：「我的寶貝，今天心情好嗎？」、「欸，你心情看起來不太好，發生什麼事了？」、「啊，沒看到媽媽，所以覺得害怕嗎？」、「厭倦汽車玩具了嗎？」、「那麼，讀繪本好嗎？」。

　　大部分的父母能用這類的對話去揣測孩子的心理，但重點是「節制力」。在關心孩子內心狀態的過程中，必須觀察孩子非語言上的肢體表現，以及使用節制的詞彙重新演繹他們的心理狀態，並仔細留意孩子的反應後，重新修改與完善節制的詞彙。揣測孩子的心理，不是單靠試探孩子就能完成，它必須要深入觀察孩子內心的狀態與顯現在外的表現之間的相互信號，比如：孩子想要玩樂的時候，會有怎樣的動作？孩子想睡的時候，會有怎樣的外在變化？該如何對待孩子，他們才能開心？如此深度觀察是很重要的。

　　懂得揣測心之心的照顧者，孩子長大以後也必然會關心自己的心。因為孩子知道照顧者主要關心的是自己的心理狀態，所以

已形成安全依戀的孩子能夠意識到並表達出自己內心的知覺、情感與欲望。因此，孩子對照顧者釋放出的有節制力的回應，保有基本信賴。決定孩子能否對照顧者產生信賴的關鍵，並不是「兩人在一起的時間有多久」，也不是「兩人一起做了什麼事」，而是「照顧者能猜測到孩子心理狀態的程度有多少」。揣測心之心是促進依戀發展的最重要因素。對孩子而言，他們需要父母不只對他們好、不為他們帶來傷害，更需要父母知道他們的心理狀態並主動詢問，以及懂得互相分享故事。

除了身為父母需具備「揣測心之心」的能力外，比如有相對關係的人們，像是：教師、配偶、朋友、諮詢師等等，擁有這個能力也很重要。他們需要揣測對方的心理。擁有揣測能力的人，會在糾結事情對與錯之前，先仔細留意對方的心理狀態。等詢問完對方後，創造一個能讓對方輕鬆表達自我心理的舒適環境。因此，對方就能在這些人面前打開自己的心理界限。

為何辛苦卻說不出口？

正熙與她的獨生子一起來到了諮詢室。她哽咽大哭的原因是這位已經是大學生的兒子竟然曾試圖寫完遺書後去自殺。「這小子，既然過得這麼辛苦，你要說出來啊！你這樣做，媽媽還活得下去嗎？」、「為什麼不說？為什麼？為什麼？」我暫時先讓媽

媽到諮詢室外等待並緩和一下心情，然後問這位兒子：「為什麼自己都這麼痛苦了，還不告訴家人呢？」

兒子低著頭回答：「我沒辦法和媽媽訴苦。每當有苦惱或覺得辛苦的時候，我都無法告訴媽媽請她幫忙。如果我告訴媽媽的話，她會吃不好、睡不好，這比我自己的痛苦更痛苦。如果說我是十倍的痛苦，媽媽的痛苦和擔心總會加倍到十五到二十倍。看見媽媽這個模樣，不僅不會安慰到我，更讓我自責：『我自己擔心自己就行了，何必讓媽媽也一起為我受苦？』」

他不能向媽媽開口傾訴心聲，並不是因為媽媽不能與自己產生共感反應，而來自於媽媽「過度的共感能力」。過度的共感能力，是指將對方的痛苦視為自己的痛苦，因而讓自己陷入痛苦之中，致使自己無力安慰或協助對方。過度的共感能力與共感能力不足，皆會造成人際關係的問題。所謂「共感」非單方面去感受其他人的情感或痛苦，更不能將它視為人類專屬的能力。依據美國布朗大學（Brown University）心理學者羅素・邱奇（Russell Church，1930-）的實驗結果，齧齒類的老鼠即具有基本的親社會行為。假使一隻受過壓桿覓食訓練的老鼠，在壓桿的時候被驚嚇到，牠往後將不敢再去壓桿覓食了。人類的傲慢與錯覺讓人以為只有人類才能與他人產生共感反應，這是錯的，但人類、動物和靈長類動物之間的共感能力差別在哪裡？為了方便理解，以下將細分說明。

一、情緒次元的共感能力，又稱「情緒傳染」（emotional contagion）。情緒傳染是最原始的共感型態，藉由自動模仿他人的臉上表情、語氣和身體姿勢，無意識的將對方的痛苦或情感同化成自己的。在新生兒室裡，如果有一個嬰兒大哭起來，其他嬰兒也會跟著一起哭，產生「新生兒的哭泣反射」，這是最具代表性的情緒傳染。愈是社會性動物，因具有「鏡像神經元」（mirror neuron），我們自然的會去模仿他人的痛苦、情感和行為，很容易不自覺的被對方的想法或情緒感染。很有趣的一件事，就是將嬰兒自己的哭聲錄下來後，播放給嬰兒聽，此時嬰兒是不會受感染，跟著大哭的。神奇的鏡像神經元可以區分自己與他人的哭聲，並做出不同反應。這類的情緒傳染雖屬無意識的低階共感能力，卻也是共感能力的奠基石。當我們受到精神創傷衝擊，而鏡像神經元卻不能正常運作，我們將會陷入自我痛苦的泥淖裡。

二、認知上的共感能力。這個能力讓我們能站在對方的立場理解對方的心情。若想具備認知上的共感能力，必須要先知道「我」與「對方」的心理是不一樣的。只有在接受對方與我是獨立的個人並具有不同的想法，才可能擁有認知上的共感能力。換句話說，只有在跳脫第一人稱的觀點，以第二人稱來觀看事情的時候，才能發揮認知上的共感能力。認知上的共感能力通常在孩子滿五歲之後開始生成。一個五歲的男童，他最想要的生日禮物是樂高，但他能想到爸爸最想要的禮物可能不是樂高，這就代

表男童具有認知上的共感能力。認知上的共感能力，與脫離自我中心性的程度相輔相成：我能考量到我喜歡的東西，可能是對方不喜歡的。因此，擁有高度認知共感能力的人知道自己的心理與對方是不一樣的，故不輕易判斷對方的心理為何。他們考量到自己與對方的立場，正確判斷對方真正所需的是什麼。另外，他們亦不會陷入過度共感的陷阱裡，懂得如何回歸到自己的立場。在考量過自己與對方的立場，以及事情的情況、來龍去脈之後，正確判斷出為彼此都好的共感慰藉行為。認知上的共感能力又稱作「互相交換立場的能力」，即「換位思考」。

　　情緒上的共感能力是透過大腦鏡像神經網絡（mirror neuron network）所引起的，能造成情緒傳染。動物即具有情緒上的共感能力。而認知上的共感神經網絡，是人類才具備的能力，通稱為「心智化神經網絡」（mentalizing neuron network）。（心智化是指我們將焦點集中於自身或他人的心理狀態，藉此猜測自身與他人的內心經歷，是與認知上的共感能力相似的概念。）當我們站在他人的觀點上看某一件事的時候，心智化神經網絡會被活化使用。當學者研究人類大腦右側下方的頭頂部皮質、北內側的前頭葉皮質，以及側頭葉與頭頂葉交叉的「右顳頂交界區」（Temporo Parietal junction）與心智化神經網絡的關係，發現鏡像神經元是天生具備的能力，而心智化神經網絡則是與大腦發展有關的課題。前述四類心理界限不健康的人，其心智化神經網絡的發育都不完全。每個人發育不全的程度雖有差異，但他

們都把自己困在第一人稱的觀點上，或是被情緒傳染影響，導致他們理解他人內心經歷的能力下降。比如：照顧型的人，他們的情緒共感能力很強，認知上共感能力卻不足，以致於產生各種問題，像是與本人意圖相反的慰藉、過度的共感反應，以及讓問題更加惡化的不必要協助。

三、行為次元的共感能力，通稱為「同理心的照顧」（empathic care），即「照顧與親切感」。如果想要施予慰藉與照顧來幫助他人減輕痛苦，我們需要擁有可以感受他人痛苦的情緒傳染、換位思考的心態、道德的教育，以及調節自身情感等等綜合型能力。不過，我們在情緒上的共感能力與認知上的共感能力之間，還有需要另外區分出「行為上的共感能力」嗎？

有研究指出，與他人產生共感的能力和照顧他人的行為之間是無關連的。當我們表現出「唉呀，該怎麼辦？」和「這真的太不應該了！」等等共感回應時，實際上並不會立刻連結回應去行動。除了因為共感是一種意志的問題外，與情感調節能力（如過度的共感能力）亦有很大的關連性。上述提及的正熙案例，媽媽本人感受到的痛苦反而比兒子大，他看著對方的痛苦只求能快速解決它，或是直接無視它的存在。

這類與他人產生共感卻造成自己變得非常辛苦的過度共感能力，稱為「同理心的過度激發」（empathic overarousal）。這樣的人很容易沉浸在「替代性創傷」（vicarious trauma）裡。替代性創傷是透過

間接的他人經歷，卻像是自己直接經歷的創傷衝擊，陷進自怨自艾和不安之中。舉例來說，這樣的人看到一九九四年橫跨漢江的聖水大橋倒塌，或二〇一四年世越號沉船事件畫面，即會受到衝擊、感到痛苦，致使心跳加速而無法入眠。或是光聽到他人悲慘的故事，即讓自己陷入悲傷，產生衝擊。其實許多醫療人員或心理治療師都很常會發生此種現象。

部分患有「同理心的過度激發」的人會反其道而行，直接無視他人的痛苦。雖然他們外觀上對他人的痛苦毫不關心，但其內心則是感受到極大的痛苦。這樣的人通常不太看電視新聞或有關事故的報導。因此，在情緒上的共感能力之外，要能有行為上的共感能力，還需要有控制共感程度與安定提供他人協助的能力。

要擁有健康的共感能力需具備上述三項功能。先從情緒開始引發自己與對方之間的共感關係，並能站在對方的角度觀看事情，區分自己與對方的想法。最後在自己可行的範圍內，付出照顧的行動。同時具有情感、認知與實踐的共感能力，統稱「共感的三角形」。「揣測心之心」即是情緒與認知共感連結的狀態。在照顧者與孩子的依戀關係之中，「揣測心之心」是單向的；在健康的成人關係裡，「揣測心之心」則是雙向的。簡單來說，除了猜測對方的心理狀態之外，同時也要揣測自己的心。只有如此，我們才不會太以他人為中心，或太以自己為中心，真正建立一段互惠交流的人際關係。和他人一起開心、

一起痛苦，不做單方犧牲的事情，以及只會讓問題更加惡化的行為。擁有健康共感能力的人，不會纏繞在他人的問題上，被他人的問題左右。他們可以在自己能力所及的範圍內，給予對方需要的幫助與安慰。

每個人都有「同理圈」

　　孩子在培養社會性與學習能力的時候，「模仿」扮演重要的角色。自閉兒則不懂得去模仿他人。模仿是幼兒學習的根源，亦是關係形成的基本要素。依據美國華盛頓大學（University of Washington）心理學者安德魯‧梅爾特佐夫（Andrew Meltzoff，1950-）的研究結果指出：孩子誕生後的四十二分鐘至七十二小時內，可以正確模仿出他人的表情。很驚訝吧？孩子們擁有選手級的模仿能力，不僅能模仿父母的言行，亦很容易跟著模仿電視節目裡的台詞、歌曲和肢體動作。因此，孩子能在模仿他人的過程中，學習新事物以及和他人建立關係。

　　成人亦具有模仿的本能，我們會不自覺的跟著別人一起打哈欠、一起哼唱歌曲，我們愈是喜歡一個人，愈會模仿對方的動作或表情，對方就會愈會感覺彼此更加親近。模仿他人可說是人類社會性與人際關係的基礎，而它是一個無意識的過程。假設某一個人在有意識的狀態下去模仿對方並讓對方發覺後，可能造成對

方的反感。

　　人類會在無意識中去模仿他人，如前所述，是因為「鏡像神經元」的作用。人類比其他社會性動物具有更多的鏡像神經元，所以不僅是行為上，還會在心理上不自覺的去模仿他人的情感和痛苦。此現象是人類社會性的生物基礎象徵。如果有一個孩子在跑跳的時候跌倒，導致他的手掌受傷出血，看到的人也能感受到那份疼痛，莫名的表情猙獰，且自己的手掌彷彿也隱隱感到刺痛。北京大學的研究小組曾進行一項實驗，他們播放一段人的臉頰被尖針刺到的影片給學生們觀賞，並利用 MRI 觀察學生大腦引起什麼樣的反應。其結果是大腦的「前扣帶皮層」（anterior cingulate cortex）領域會變得非常活躍。更有趣的是，影片中的人物如果與自己愈相似，前扣帶皮層的活躍度會更高。東方人與東方人、白人與白人，其反應會更強烈。

　　我們擁有的「同理圈」（circle of empathy）是有限的。在對方與自己擁有相似遺傳基因、感受到同質性或覺得與對方是「同一陣線」的時候，我們會與對方產生共感反應。然而，在一個與自己毫無關連的國家裡發生戰爭、有人死亡的悲劇，則不會產生共感反應。如果對方是競爭對象，或是能造成威脅的「敵方陣營」，我們還有可能會產生與對方完全相反的共感反應。例如我們看見對方受苦的時候，反而會產生安慰、痛快、愉快，甚至喜悅的心情。這種現象叫做「幸災樂禍」（schadenfreude，來自德文）。幸

災樂禍的心態，是人類高度社會性裡的黑暗影子。群體生活裡，人類會不斷把他人變成自己的人，與人建立深厚的連結感。找尋搭檔後，一起結夥成大群體生活裡屬於自己的小圈圈，這個小圈圈稱「內團體」（in-group），反之，不在內團體裡的成員則自然的被歸為「外團體」（out-group）。最終，這樣的內外團體現象將引起內團體與外團體間的對立。內團體成員間具有從屬感和共感反應，對外團體的人則產生競爭意識與異質性。不管在哪個社會裡，都有內團體，又稱「我們的團體」（we-group），以及外團體，又稱「他們的團體」（they-group）。一個社會裡的文化愈是競爭，對於「他們的團體」受到的不幸與痛苦，愈覺得安心與開心。人類高度的社會化是由協力與對立兩者力量共同演變而成。在二十一世紀中，人類具有高次元國際力量的同時，依然伴隨著悲劇的戰爭歷史，像是種族清洗[3]。

每個人都是不同的個體，具有不同的共感能力。每個人多多少少都有與另一方產生共感的「共感根源」。據我們所知，某些成人的共感根源很廣泛。像是耶穌懂得愛屋及烏和愛護仇人、佛祖擁有為眾生之苦感同身受之慈悲憐憫。

相反的，有些人的共感根源非常狹隘。像是精神病患者、自閉症患者和過度自我分化的人都只能感受到自身的痛苦，無視他人痛苦的存在。但是，精神病患者和自閉症患者是因先天性因素致使缺乏共感能力，而過度自我分化的人則是因依戀損

---

[3] 種族清洗：指某個國家或某個地區的強大勢力，為了自己的政治、經濟或宗教目的，動用軍隊、警察甚至非法組織成員，對特定民族進行無差別屠殺或使其強制遷徙的活動。

傷造成共感能力發育不全。因此，過度自我分化的人可透過治療依戀損傷和訓練共感能力，一點一點的恢復。心理界限健康的人較能控制自己心理界限開放的程度，所以他們的共感根源可以愈來愈廣泛。

因心理界限引起的共感能力問題

心理界限的問題即是共感能力的問題。以自我未分化的人為例，因他們的自我太脆弱，與外部的警戒線過於模糊，故很容易被他人情緒傳染。特別是與親密的人之間，並將對方的痛苦視如己身，而且不單是情緒上，就連身體都能感受到那份痛苦。這樣的現象是無意識的、自發性的。這樣強烈的情緒傳染更是連動他們的行為，會積極的了解對方的苦處，費心費力的去協助、安撫對方。其實，他們積極靠近對方的行為帶來的是反效果，因為他們少了認知上的共感能力與脈絡思考。

一個人覺得辛苦的時候，能獲得安慰的方法有很多種，像是內向的人比較希望能擁有獨處的時間，可以安靜的聽音樂，或一個人走在路上，在一個屬於自己的空間裡不受任何打擾，這就是他們最理想的恢復方式。但是，一個自我未分化的人，無法了解到自己與他人的立場是不同的，他們跟自我過度分化的人一樣，都太過自我中心思考。比如：他們希望別人在自己難過的時候可

以陪在身邊安慰自己，他們也以為別人也是這麼希望的。所以，當對方說「你也很忙，我沒關係的，現在我想一個人待著就好。」他們仍聽不進去，只想黏在對方的身邊。雖非出自於本意，卻可能造成對方的壓力。

如果你想要藉由正確的共感反應與照顧協助對方、安慰對方，應要以對方希望的方式與時間點去靠近對方。可是，自我未分化的人會以自己希望的方式與感覺來行動。很諷刺的，強烈的情緒傳染只會帶來「共感失敗」。

自我過度分化的人與自我未分化的人相反，他們認知上的共感能力比情緒上的共感能力強。因為日積月累的依戀損傷導致他們在心中設立了一道牆，阻斷他們與外部的接觸。因此，他們在培養共感能力之前，必須先治療他們的依戀損傷。換句話說，他們必須先解決不信任人的態度，與反覆依戀挫折帶給自己的憂鬱感。

分享內心經驗

我們會以「分開又在一起」（alone together）的方式表示這段關係是好的。「分開又一起」意指「我與你」分別的世界和「我們」相互的世界，兩者共存。這麼說的話，哪些事情是要一起做的？要一起吃飯、一起睡覺嗎？還是一起看電視？或是一起做運動，有共同的興趣？其實重要的不是我們一起在同一個時間和空間裡，做了某

件事情;重要的是一起「分享」內心的經驗。分享不一定要兩人有同樣的經驗,比如一位太太看到電視劇的生死離別場面而大哭的時候,先生要做的事情不是一起坐下來看同一個節目,跟著太太一起哭,他該做的事情是關心太太,詢問她:「是什麼故事讓你哭了?」如果太太談及爸爸過世的往事,他可以知道那份內心的感受並再次和太太回應:「原來是因為想起過世的爸爸啊。」

　　「一起」的真意是關心對方的內心想法,反映出其內心真意,以及分享內心經驗。這樣的過程不能稱作「內心一致」,然而卻是真正的共感能力。因為我的內心裡有對方,當我的心意匯流入對方心裡後,會再次回流到自己心裡。戀人或夫妻在發生口角爭執的時候,很常會發生把過往舊事拿出來說。理性的人不理解這種情況為什麼發生,認為應該就當下分歧的意見去討論就好,為什麼還要提起舊事,讓問題變得更複雜?基本上會發生這種狀況是因為雙方是不同的兩個人,雖然其中一人覺得過去的事早已忘記,不認為那是一件很重要的事情;然而,另一方可能對這份曾不開心的回憶仍記憶猶新,而且現在爭執的問題又重新喚起過去那個未能解決的傷痛。

　　共感是一種了解對方心思的能力。所以,與其生氣的責罵:「沒事何必提起舊事!」、「為何要執著在雞毛蒜皮小事上?」反而可以說:「現在回想起來,當時你真的受苦了!」如果你無法關切到對方的心思、看見對方的內心反應,單就事實層面與合

理性去討論，雙方的衝突只會愈來愈大，更化解不了問題。「不是說好不提往事！」、「那件事忘了吧！忘掉它！」、「你又來了！我不是跟你說過那件事是因為某某關係才會這樣嗎？」等等的言語，對解決衝突一點幫助也沒有。確認事實是無用處的，接受對方受傷的心情，才是真正的解決之道。

心理界限健康的人於親密關係之中，焦點會放在揣測對方的心理，大於糾結於兩人實際上對與錯的問題。因此，他們在雙方的連結暫時斷開的時候，很快的又能恢復連結狀態。

揣測對方的心理與共感能力的概念相似，其層次又比共感能力更為高層次。共感能力講求猜測對方的情感痛苦，揣測對方的心理是更進一步的關切對方整體的心理狀態，像是對方的興趣、欲望、想法、才能、幸福與未來等等。他們會向親近的人們詢問：「什麼時候你覺得幸福？」、「你最近關心的事情是什麼？」、「我做什麼事情你最開心？」、「你退休後想住哪裡？做什麼事？」如果有一個人會問你並很關切你的一切，你是否感覺很幸福？

第 **14** 章

衝突恢復力：恢復比迴避重要

●

關係恢復力的作用能發揮到何種程度，

與解開糾纏不清的衝突程度有關。

●

　　在人際關係裡不產生任何衝突和矛盾，可能嗎？不曾爭吵過的情侶，他們之間的關係就沒有任何問題嗎？說實話，如果有一段關係是未曾產生過摩擦或爭吵，則代表他們的關係一點都不親密。當一段關係愈親密，衝突是必然發生的。不過，如果你想要解決人際關係裡的衝突問題，卻沒想像中的簡單。

　　在韓文中，衝突（갈등）一詞，其漢字寫為「葛藤」。葛和藤兩種樹木皆屬豆科裡的攀緣植物，葛樹是從物體的左邊向上攀爬，藤樹則是從右邊開始。因此，兩種樹木碰在一起，則容易盤根錯節、錯綜複雜。

處理衝突的方式
. . . .

在數次的夫妻諮商療程中，我發現大多數產生問題的夫妻們都有共同的特徵，如以下幾點：

一、總想要改變對方。問題夫妻總會糾結在彼此的權力關係上。夫妻雙方其中一人大多是在專制家庭裡長大的，此人則常會無意識的將父母視為自己的模範。他們親眼看見解決摩擦問題的方法，即是單方面的去順應對方，或逼迫對方屈服於自己之下。因此，他們習慣這類的權力遊戲，在他們成長後，對解決衝突的見解依舊淺薄。在摩擦發生時，他們會利用順應對方或強壓對方的方式代替解決問題，並藉由這個方式製造一個讓彼此關係能再進一步的機會。顯而易見的，最後結果卻不會是這樣的。他們其實一點都不尊重對方的想法、喜好和興趣，單僅在強求對方改變成自己所希望的模樣。更諷刺的是，他們竟然期望對方喜歡的是真實的自己。

二、沒有解決衝突的能力。或許他們與任何人之間的關係從不曾有效的解決過衝突的問題。當發生衝突的時候，他們不知道該怎麼解決。雖然他們會與對方互相交談，但你仔細了解之後，會發現他們只是在說自己想說的話，雙方只是在互相自言自語。就像你隔著一道牆說話，你會愈說愈覺得生氣，甚至感到絕望。最終，他們會選擇忍耐、爭吵、逃避或斷絕關係的方式來代替解

決問題。而且，他們不管身在何處，總期望著有一個人能完全配合自己。

　　三、把力氣花在證明衝突產生的原因，是對方有問題或對方有不足之處。他們不將雙方產生摩擦的原因放在彼此之間的差異性，卻認為所有的問題皆出自於對方。他們只會看到對方不好的一面，以及認為自己費心費力在經營兩人的這段關係，而對方卻一點也不努力。他們不僅會批評對方的行為不對，更批判對方的整體價值是低等的。還多虧了自己的忍讓與犧牲，好不容易才讓這段關係可以繼續維持。他們會跟對方說：「要不是因為我用情夠深，才能繼續忍讓你，和你一起過生活！」他們會強求對方該

懂得感恩自己。正常的夫妻關係，在他們的情感存簿裡，其正反情緒的比例為三比一。有問題的夫妻，其正反情緒的比例連一比三都不到，正面情緒可說是見底的狀態。

各式各樣的夫妻之間都有憤怒或厭惡的情感存在。一般的夫妻，在關係不好的時候會產生憤怒或厭惡的情緒，但會隨著時間流逝而漸漸削弱，而且在這過程中若造成對方的不舒服，他們會發自內心對另一方感到抱歉。然而，有問題的夫妻，在衝突未解決的狀態下反覆產生衝突，其憤怒或厭惡的情感當然只會愈積愈多。況且，除了累積之外，還會引發憎恨與藐視等等的情感質變。這些情感的凝聚力和持續性較強，不易消失。這會促使他們在一點小事上，就會感覺和對方在一起很痛苦。儘管如此，他們仍是有希望復合的。在充分了解讓彼此痛苦的元兇是什麼，並經過一段時間的努力，仍有機會恢復關係。然而重要的是需要的是，他們需要在一個可以互相溝通，並緩和那些令人激昂、高亢情感的狀態裡，才有機會修復關係。

人們處理衝突的方式有很多種，如：迴避、說服、攻擊、阻斷、順應、妥協或互助等等。迴避即不承認衝突的存在；說服是向對方說明至對方接受自己的觀點為止；攻擊是使用力氣讓對方屈服；阻斷是在兩人一產生衝突之後，即切斷彼此的關係；順應是因為討厭矛盾與衝突的產生，所以直接隨對方的意思去做；妥協是兩人互相讓步，選擇一個折衷方法。互助又是什麼呢？互助

是彼此訴說自己的情感與欲望，以及運用溝通來解開彼此衝突的問題，達到共同共存的境界。在這些方式當中，唯有互助才是真正解開綁繩的方法。

現在，讓我們來猜猜那些具有逆功能性關係的人，會如何處置他們的衝突問題吧。先從自我未分化的人開始說起。順應型的人大多會選擇迴避或順應的方式，他們會單方面的配合對方的意思與要求。另外，少部分照顧型的人也會選擇迴避或順應，但更多的人是以妥協或說服的方式化解問題。照顧型的人有時候會配合、順應對方，但在某些重要的事情上他們會致力於說服對方，以及改變對方的想法和情感，讓對方妥協之後，達成兩人想法一致的目標。

自我過度分化的人又會怎麼做呢？首先，防禦型的人會使用阻斷的方式。當衝突發生的時候，他們的心中將立即出現「這個人不是對的人啊！」的想法，並且快速的整頓好這段感情。因為在他們的認知裡，衝突發生等同於發生威脅。另一方面，支配型的人雖然會使用說服的方式，但他們更常用阻斷或攻擊的方式。不過，他們的阻斷並非是真的要斷絕這段關係，而是想利用「斷絕關係」作為威脅對方的籌碼，促使對方害怕，故而屈服。他們在起衝突的時候，不管用任何方式都一定要贏過對方，像是冷戰不語、離家出走或威脅對方等等都是常見的方法。如果事情發展不如意，還有可能會做出危險的行為，如果對方不照自己的

意思去做，還可能會上演拋家棄子的戲碼，或像在開車途中緊急踩煞車等等之類危險行動。此外，他們還會將所有過錯歸咎於對方身上。

那麼，心理界限健康的人，又是怎麼處理衝突的？他們會選擇互助的方式。而且他們更會藉此讓兩人的關係深入發展。因此，他們不認為衝突是危害關係的根源，而是人際關係發展過程中的必經之路。衝突的原因並非出自某個人身上，它基本上是由兩個個體上的差異衍生而來。會起衝突，並非因為其中一方是壞人，是因各自的價值觀、興趣與對話方式有所不同導致的問題。

夫妻諮商的效果變動非常大。有時看似為一對冤家，卻意外的能快速恢復關係；或是受外界好評的模範夫妻，反而只是外表看起來很好，其實雙方根本沒有辦法真正解開問題。當兩人在彼此身上發現那些被負面情感掩蓋與受挫的欲望之後，即能為他們帶來好的恢復結果。諮商過後，他們對於另一方心裡擁有「愛與連結的欲望」，總會感到非常吃驚。這時，他們才驚覺發現：「啊！這個愛生氣的人原來不是因為討厭我，他是因為想要獲得我的愛才生氣的啊。」、「這個人常不說話、面無表情的原因，不是因為無視我或不關心我，原來是因為怕我們的關係再度破裂、惡化，所以選擇隱忍不敢多說啊。」他們領會到自身的情感，以及其情感背後的欲望，並且可以向對方表達出這份情感及欲望的時候，就能實現互助的真義。

　　人際關係就好比一座塔，堆了九顆石頭但放錯了最後一顆，終究還是會倒塌的。要堆疊很難，但倒塌卻是一瞬間的事情。不過，每一段關係的內部構造不同。有些關係的構造像玻璃，受到一次傷害就支離破碎；有些關係的構造卻像橡皮筋，不管有多大的傷害都能恢復原狀。關係恢復的程度，與解開錯綜複雜的衝突經驗能力有關。某種程度上，我們要經常生病才能啟動我們身體的免疫系統，增強免疫力。衝突是我們在關係變得親密的過程中，應要付出的「親密感學習費」。所以，我們該重視的是「衝突—恢復」（break-repair）。不曾解決過衝突問題的人，總是把衝突當作勝負之爭，急於避開它，或者是利用斷絕關係的方式化解衝突帶來的不便感。因此，我們需要具備「恢復關係衝突的和解技巧」。

　　心理界限健康的人，相較擁有優越的衝突恢復力。他們不會在關係有了衝突，和造成自己的損傷後，因而對關係感到絕望或憤怒。他們知道關係是可以重新復原的。他們輕輕撫慰自己激動的心情後，試圖與對方交談，讓彼此說出各自受傷的心靈。他們不認為先向對方開口說話是委屈或認輸的表現，它是一個成熟表現的態度。

　　相較之下，自我未分化的人因為無法忍受關係變得尷尬，他們會選擇先向對方道歉或安撫對方。他們唯一的想法是快點化解

這個尷尬。由此可知，他們的道歉並非真心的，只是單純的想趕快擺脫自己不舒服的感受。像是：「是我對不起你，所以你不要生氣了！」但這個不是真正的道歉，它只是一種「舒緩心情」的方法。

另一方面，自我過度分化的人，會執著於獲得他人的道歉或是提前切斷這段關係。支配型的人屬前者，防禦型的人則屬後者。他們絕對不會先說是自己的錯，甚至不會先開口向對方說話。他們認為先開口說話的人就是認輸的人。嚴重的話，即使對方真心誠意的道歉了，他們仍不會接受。支配型的人要的不是關係的恢復，他們要的是對方投降認輸。他們希望的是成為支配關係的人。因此，他們要求對方道歉，但又不是真的道歉，比如：「說抱歉就行了嗎？你要怎麼負起責任！」而將對方貶低於自身之下。有時候他們還會耍賴：「你一開始就該跟我說不要這樣做啊！」試圖讓事情恢復原狀，回到一切都還沒發生的時候。

心理界限健康的人不會做出擴大爭執的行為。他們在爭吵過後，各自扮演的角色依舊不變，更可能擁有專屬兩人和解的暗號，例如：特別買另一半愛吃的食物，或是做一些家事讓對方開心。這些行為的目的並非為了讓這個爭執當作沒發生過，它的作用是要藉由這些動作來撫慰彼此激憤的心情，向對方示意，表達彼此需要冷靜交談之意。他們覺得衝突源自雙方立場不同和溝通不明確的關係。

他們還會深入探討是什麼原因讓彼此產生摩擦與衝突。對話的過程中，他們使用的對話模式稱為「恢復對話」（repair talk）。因此，他們擁有高強度的關係恢復力。兩人在爭吵過後，透過恢復對話穩定情緒，即可修復關係。

　　恢復對話，大致由四個階段的說話層次組成。第一階段是「睡得好嗎？」、「要吃點什麼嗎？」類似的問候語。爭吵過後，先用簡短的問候語向對方問安，建立解開問題的基礎。再來會開始關心對方的心理狀態。第二階段是「（心情）如何？」、「（心情）還好嗎？」、「還在傷心嗎？」類似的關心語。表達自己在意對方現在的心情，想知道對方為什麼會傷心。第三階段是「原來如此！」、「的確是如此！」等等表示明白對方心境的回應語。在對方說出自己為什麼會傷心，現在心情如何的時候，向對方表達自己可以理解。在這段過程中，如果真心自覺抱歉的話，也會向對方道歉說：「對不起！」。第四階段是「一起加油吧！拜託了！我會努力的！」等表達實踐的行動語。一段良好的恢復對話過程，不只是講求互相說出各自受傷的部分，亦需互相提出具體的意見，探討對方或兩個人需要怎麼做才能一起變得更好，其中代表的一句話是：「我會努力的。」

　　恢復對話的過程是一個幫助受損關係重新復原，並讓其變得更堅韌的「連結話語」。如同催產素又被稱為具連結性的荷爾蒙，恢復對話亦能說是幫助關係重新連結的「如催產素般的對話」。

當然了，現實中沒有一段關係可以像上述那樣，經由第一階段到第四階段順利的解決。很有可能在第一階段時，問題就直接被掩蓋住，當作什麼事都沒發生一樣；或者好不容易努力到了第三階段，又回到冷戰的狀態，等於前功盡棄了。

　　如果你想要提高自己的衝突恢復力，必須先能明確區分出價值的優先順序。我們要知道與對方產生「連結」勝過於打敗對方，更不需要糾結在誰對誰錯。一個擁有高強度衝突恢復力的人通常是「異中求同」。異中求同的意思是「尊重彼此的差異，找尋共同點，一起解決問題」。這與上述所說「互助」的概念相同。相反的，不具備衝突恢復力的人通常僅專注於彼此的差異點，和找尋對方的缺點。心理界限健康的人看待事情的方式，除了自身立場以外，他們的自我主見並不會過於強勢。他們知道自己的想法與對方的想法可能大相逕庭，能夠認同對方的相對性。他們把焦點放在彼此的心理狀態，比如：自己和對方的情感與欲望，而非事實上的關係問題和是非對錯。此外，他們致力於表達自己，也專心聆聽他人，這也是因為他們擁有「揣測心之心」。

● 擁有高強度衝突恢復力的人的特徵 ●

1. 了解在一段親密的人際關係之中，發生摩擦問題是必然的。

2. 不將衝突視為他人單方的人格問題，而是雙方在關係裡的溝通方式、觀點、文化等層面上具有差異的問題。

3. 重視在解決彼此的問題，能讓彼此關係更進步。

4. 當雙方情緒爆發的時候，不會先向對方道歉或安撫對方，而是先去理解為什麼會起衝突。

5. 他們不糾結在事情的是非對錯，而把焦點放在彼此的情感與受挫的感覺。

6. 如果是自己的錯，他們懂得反省且向對方真誠的道歉。

7. 他們不把過錯全歸罪於對方，或強求對方向自己道歉。

8. 爭吵過後，他們會努力使用「恢復對話」來化解問題。

9. 他們懂得表達自己想要的是什麼，不會期望對方必須在自己開口前就自行領會。

10. 即使遇到衝突，他們與對方在關係裡依舊能扮演好自己的角色。

衝突恢復力不僅適用於個人的人際關係，也可運用在與公司同事的關係裡。

第 15 章

誠實的自我表現：拋開過度的害怕

•

需脫離批判對方或自我防衛的表達方式。

能表達自我的心思或真實狀態是心理界限正常運作的表徵。

•

　　建立健康的心理界限，首要條件是以表達替代防衛。心理界限是一個可以誠實表現自我思想、情感和欲望的功能，並非只做為保護自己的防禦性表現。但是很難啊，不能在一段關係或團體裡誠實表達自己，不單是個人特質的問題。在一個不尊重個人的群體主義與權力主義的社會裡，誠實常被誤認為「自以為是」或「自私的表現」。特別是在經歷過冷戰與軍事獨裁時期的大韓民國社會裡，誠實表達自己的思想可能會是一件很危險的事。安靜不語，才是生存之道。長久傳承下來的文化，依然留存在注重個人化的現代社會裡。

太過誠實，會有莫名的恐懼？

．．．．．．．．．．．．．．．．．．．．．．．．．．．．．．

我們的恐懼只是模糊的被自己放大而已。我們常常不知道是什麼讓自己害怕。如果想克服恐懼，我們需要仔細檢視恐懼的來源在哪。不斷不斷的問自己：「是真的害怕嗎？」、「這真的是我覺得恐懼的事情嗎？」、「這件事我真的承擔不起嗎？」

舉例來說，順應型的人因害怕關係變得尷尬，所以不懂得拒絕。既然如此，就好好的問問自己：「如果因為我的誠實表現讓關係變得尷尬，那會怎樣？」、「如果跟人衝突會讓我覺得不舒服，對方會知道我因而感到不舒服嗎？」、「如果是會的，對方也感覺到不舒服的話，那還擔心什麼？擔心對方會迴避自己離開遠去嗎？」、「萬一真是如此，那這段尷尬的關係是暫時性的，還是會持續下去的呢？」、「萬一我只是誠實表達自己，對方就一直討厭我、刻意避開我，我對這個人會怎麼想？」、「當與對方的這段關係變得尷尬的時候，我會後悔誠實以告嗎？所以，我之後要繼續掩藏自己的真心嗎？」

如果你反覆思考後，還是覺得不要製造任何不舒服的感覺比誠實表達自我更為重要，那是該順應對方。但如果你覺得即使關係會暫時變得尷尬也要誠實以告，就拿出勇氣表達自己吧。

因為擔心人際關係，我們常在誠實表達自我的時候感到猶豫。我們會煩惱：「若我誠實說出自己的心聲，對方的感受為

何？」、「我和對方的關係又會變成怎樣？」在組織生活中，常會擔心如果自己提出與多數人意見不同的看法，會被排擠於外或受到不利的影響。不過，還是有很多人不會在意對方的感受，有話直說，但這不見得是好的。比如，不管在哪個社會裡都有長得高和長得矮的人，同理可證，也會有很在意對方的人和不在意對方的人。若要用一個詞彙表達一段健康的關係與心理，那就是「均衡」。不在意與他人的關係，和太在意的人，同樣都有問題。

非常害怕誠實表現自我的人，通常具有高度的「他人敏感

性」。由於自己的依戀損傷與不安傾向，致使他們連應要朝向自己內心的天線，全都朝向了對方。他們非常在意對方的心情，但問題是他們雖然很敏感，掌握別人心理的正確度卻很低，而時常誤解對方的心境轉變，例如：對方因為好幾天睡不好，所以臉色難看。高度敏感的人會以為對方是因為不喜歡和自己在一起，所以才臉色難看。或者，人家沒有什麼特別想說的話，因而安靜的待著，卻誤認對方是討厭自己才沉默不語。

順應型的人看見對方心情不好，會責怪是自己讓對方心情不好；照顧型的人不管原因是什麼，看到對方心情不好，就會覺得逗對方開心是自己的職責。順應型的人特別無法忍受自己為對方帶來不便的感受。如果約朋友一起看自己想看的電影，看完後朋友卻說電影很無趣，就會產生不必要的罪惡感。因此，不如打從一開始就將選擇權交給對方，即使對方的選擇不合乎自己的意願，仍會順從對方的意思。

常常心口不一

自我未分化的人常有心口不一的現象。不僅在喜歡的時候，不懂得說喜歡；在討厭的時候，更不敢說討厭。他們甚至分不清自己喜歡什麼或討厭什麼。名為意識的那條天線總朝向外面，對自己的心理狀態感覺遲鈍。他們在任何關係或團體裡，如有人請

求自己幫忙，都不會推卸拒絕。另外，更大的問題是對方根本沒有要求或拜託，即自行以為那是對方所想，刻意去贊同對方或帶給對方不必要的照顧。這樣的現象又稱「心理一致性」（conformity）。「一致性」是在無人請求或指示的狀態下，從對方或團體裡感受到隱性壓力後，自動改變想法或行為以符合對方或團體的期待。

一九五二年，美國心理學家所羅門・阿希（Solomon Asch，1907-1996）在位於費城的斯沃斯莫爾學院實驗室裡，進行一項實驗，證實「心理一致性」現象的存在。阿希給大學生們看兩張卡片。一張畫直線的卡片和一張畫三條線的卡片，請他們找出三條線裡和直線長度相同的一條線。這是一個大家都很容易判斷的問題，誤答率不到百分之一。可是，研究小組特意在被實驗的大學生群前面安插五位小幫手，讓他們故意回答錯誤的答案。

從第六位開始才是真正的實驗對象。結果發現很多人會產生一致性的現象。他們給的答案都不是自己原本想的答案，而是因為與前面回答者產生一致性，引導回答了錯誤的答案。大約有33%的人會贊同前面一位的意見而產生誤答；此外，至少有77%的人會贊同其他人的意見而產生誤答。僅有24%的人會根據自己的判斷回答出正確答案。當告知他們的答案錯了的時候，大部分人的反應卻說別人的意見不會影響自己，是自己誤解了。

美國里奇蒙大學（University of Richmond）社會心理學家唐爾森‧R‧福西思（Donelson Forsyth）試著比對會和不會產生一致性現象的人。結果發現，原因不僅來自於權力主義、依存性高低的問題，愈是自我批評的人，愈容易產生一致性現象。相反的，傾向自己與他人有差別化、高智商和自尊心強的人，愈不會產生此現象。

生活在社會裡，懂得看他人眼色是一個很重要的社會性能力。可是，最重要的是要看對眼色。一致性現象發生的原因不是來自於顯性壓力，而是隱性壓力。在無人迫使之下，自己改變自己的想法與行動以符合他人期望，這真的是對方希望的行為嗎？事實上，自我未分化的人很常看他人的眼色，但卻不能讀懂對方真正的心思。由於他人敏感性作祟，自我未分化的人不但不承認，更把它美化了。他們自以為自己很會揣測他人的心思，很照顧他人，那些都是錯覺。反倒是他們常常解讀他人心思失敗。

順應型的人特別容易在意他人的眼色，不希望他人因自己而

破壞心情。他們過度的心理一致性現象特別明顯。即使在對方未要求之下，仍自行調整與對方有一致的想法、興趣、意圖與欲望等等。比如在公司聽到主管談論到關於宗教的負面評價，他們雖然沒有那些想法，也會不自覺的附和主管的意思。老實說，主管也是會懂得傾聽其他意見的人啊！嚴格來講，他們不是為了阿諛奉承，更不是為了意圖牟利，只是他們自己沒有察覺的自動一致性反應。因為他們的心理界限模糊，導致無法區分自己與他人的關係。

同樣的，照顧型的人亦有心理一致性的現象。他們習慣努力讓對方開心，容易壓抑自己的欲望，過度體諒對方。對方說：「沒關係，我想自己一個人走回家。」他們仍會執意送對方回家。又或是，明明是自己不太想吃的食物，因為對方說喜歡的關係，即勉強自己假裝吃得很開心。對於自己的付出，他們會跟對方說，是自己願意犧牲奉獻，並沒有期望對方回報。但是怎麼可能沒有期望呢？他們希望透過自己的努力與照顧，獲得對方的認同與開心。但是，他們卻不了解對方真正想要的是什麼，單方面給予自以為的照顧，甚至容易變成隱藏性的強求，要對方接受。與他們親近的人，不僅未從他們身上感受到備受照顧與尊重，反而是負擔、不愉快和荒唐，慢慢累積之後，最終形成了憤怒。

細膩與粗糙的誠實

　　我們會覺得誠實表達自己是一件很難做到的事情，這是因為我們將誠實的表現看成危險行為的一種。我們能預想得到，當我們表達自己的真實想法之後，關係會變得尷尬、對方會受到傷害，或者會被團體排擠，或是發生利益受損的事情。但是真的會這樣嗎？可能是，也有可能不是。應該說，不是所有的誠實表現都是危險的；相對的，更不是所有的誠實表現都是好的。我們有必要更明確的解釋誠實的涵義。英語裡有許多詞彙可以表達誠實的意思，但代表詞彙為「frank」和「honest」。這兩個字皆為形容詞，表示「誠實的」。可是，這兩個字的涵義有些微不同。「frank」意指偶爾會帶給他人不舒服感覺、相對較為粗糙的誠實；「honest」則是考量對方感受後表達出來、相對較為細膩的誠實。不過，即使我們考量到對方的感受再誠實表達自己，仍有可能會帶給對方不舒服的感覺。因為人際關係是主觀的，並不是單用公式就能解開的難題。即使如此，我們還是需要區分這兩種誠實的差別。

　　「frank」是不考量對方心情的誠實表現，它是無禮的。若誇飾的來說，就像是不在乎他人感受而暴露自己的身體的人，自己或許覺得舒服涼爽，看的人卻感到不舒服。我們常常會說，我們喜歡誠實表現自我的人，但卻不完全如此。如果只是一兩次可能

不容易被發覺，但其實過度的誠實只會帶給別人不舒服的感覺。人們喜歡的是已篩選過的，而非赤裸裸的誠實表現。

細膩的誠實表現有三種特徵：

一、理性與感性是相連結的。粗糙的誠實，會將理性與感性分開，並使用感性表現；但感性遇見理性之後，表達會變得更細膩溫和。因為理性的思考重視連結和解決問題。

二、不以評判對方為主。主要是在表達出自己內心的想法或情況的發生。舉例來說，當你在圖書館讀書，旁邊的人戴著耳機又唱得忘我，你拍了書桌。這時，你一定會覺得很尷尬和不愉快，並認為這個人怎麼連基本禮貌都不懂。但你該怎麼說才好？如果你批評對方：「你怎麼一點禮貌都不懂！」這是粗糙的誠實表現，而細膩的誠實表現則是說：「因為你的歌聲，我都不能好好讀書了。」

三、會評估如果我以誠實的言語和行為傳達給對方的時候，情況會變成怎樣？粗糙的誠實表現只會使用第一人稱，而細膩的誠實表現會參雜第一人稱和第二人稱。

自我未分化的人，其問題在於總是隱藏自己的內心，甚至無能認知到自己的內心，所以不能誠實表達自己；相反的，自我過度分化的人可以誠實表達自己，但他們使用的是粗糙的誠實表現。自我過度分化的人會將感性與理性分開，並總是批判對方不對，認為自己的觀點才是對的，更不懂得猜測對方的心思。他們

的社會感性不足，連基本的觀察對方眼色的能力也沒有。特別是支配型的人，他們的感性表現是很吝嗇的，但自我主張卻是直言不諱。他們的自我表現方式是不考慮他人的感受，比如：「我討厭你！」、「討厭就是討厭啊！能要我怎麼辦！」如果對方讓我感到生氣，那是對方的問題，並指責對方怎麼那麼不懂如何做人。

防禦型的人同樣會在他人接近的時候，過度的戒備自己。他們不能區分關心與干涉的差異，認為接近是一種侵犯心理界限的行為。因此，他們不能考慮到對方的意圖和內心想法，不忌諱的誠實表達自己的不舒服。比如：同事在午休時間問道：「這週末你要幹嘛？」這可能是沒有特別用意的問候或表示關心的一句話，但對防禦型的人而言，這是在侵犯自己的心理界限，會不自覺的產生不愉快和反感。如果在這時候他能回答：「沒要幹嘛！」還算是不錯了，嚴重防備的人甚至會反問：「你問這個幹嘛？」、「你知道之後，想幹嘛？」表現出攻擊性的一面。這時候，對方一定會想「幹嘛反應這麼大，又不是什麼難回答的問題。」由此可知，自我過度分化的人雖然會誠實表達自己的情感與想法，但很容易會刺傷對方。他們的自我表現宛如一面透明的玻璃牆，完完整整的顯露出自己的內心。但在社會關係裡，這樣「透明清澈的模樣」不是一種單純的優點，它是不成熟的表現。

自我未分化的人是「frank」的誠實表現，可能會帶給對方傷痛，讓關係變得尷尬，以及在團體裡疏遠他人或被他人冷落。相

反的，「honest」的誠實表現，排除過度權位至上的情況，相對是安全的，偶爾還會給人好感。它是一個文明化、社會化的誠實表現。大部分的人會體恤對方的感受之後，再鄭重的拒絕對方；或者，修飾過後再誠實的表達自己，不讓對方感到不愉悅。

誠實的本質並非危險的，重要的是我們如何去表達？對方的心情受到影響或感覺受傷的原因，會與自己的表達方式有關。任意判斷對方的言詞、自認為自己才是對的固執態度、高壓或神經質的語氣、吝嗇的情感表現、無視對方或制壓對方的眼神、高傲的姿態以及防備的表情等等，這些都會讓對方的心情不好或受到傷害。如果你用較為委婉與尊重他人的態度表達自己，對自己不利的事情或困難之處會比想像中來得少。或許，與你所擔心的相反，對你有好感的人會愈來愈多。正確來說，撇除人們的反應，你會更加喜歡自己。

我們有自由可以選擇自己喜歡的和討厭的。一段好的關係是來自於自己不會對一件令自己感到不舒服不情願的事情感到不安和困擾，而是能在自我過濾後，大方的向對方表達出來。

第 4 部

心理界限的重建

重建心理界線、找回「像自己」的生活方法

我們有責任要改變自己的人際關係。
為此，我們要先回顧自己的關係史，再重新打造屬於自己的世界。
經歷過數百次人際關係的經驗與反思，
會將我們的內心運作模式固定化。

第 **16** 章

理解關係史

●

一位從媽媽身上受到傷害的人，

會發現原來媽媽也曾經同樣被她的家人傷害過。

●

　　二〇一四年，有一個事件在網路上鬧得沸沸騰騰，被叫做為「三母子事件」。一位媽媽和兩位分別為十三和十七歲的兒子向媒體表示，他們持續受到爸爸的性暴力威脅，引發網民暴怒。報導更指出這個家庭的先生曾對四十四名家人、鄰居施加性暴力，加上兩個兒子的證詞，讓這個難以置信的暴力事件擴大發展。大家雖然抱持著半信半疑的態度，仍是義憤不平。許多人要求警方調查，幫助他們解脫困境，甚至透過網路平台協助募款、聘雇律師。最後，負責調查的警察人員卻發表聲明，說這個可怕的性暴力事件是偽造的。除此之外，還揭開這位媽媽背後有一位巫師下

蠱的事實，輿論則倒向另一邊。原是一個性暴力案件，反成了性暴力造假事件。最後，這位媽媽和巫師因涉嫌誣告被提告。三母子真的是騙子嗎？他們為什麼要這麼做？

最初的人際關係，支配人生裡的所有關係

　　這位媽媽因誣告罪，在第一審的時候被判處三年有期徒刑，上訴到第二審的時候，減輕至兩年有期徒刑。二〇一七年三月十五日，法院宣告判決為兩年有期徒刑。她患有妄想障礙的精神鑑定報告影響了判決結果，雖然她也因為背後那位巫師的加害讓刑期減輕，但她產生的妄想是先生和家人對自己施暴，而非為了獲得利益才欺騙大眾。由於精神障礙，讓她在現實生活裡以為自己真的是性暴力受害者。

　　而我要討論的問題，在於兒子們的反應。兒子們是因為媽媽的強迫或請託才做出偽證的嗎？由於我未曾與兒子們見過面，難以斷言，但可以猜測到他們與媽媽的妄想產生了共享反應。在一段現實親密的家人關係裡，照顧者的想法、情感與信念會直接與子女共享，即使是一個虛無的幻想或非現實的幻覺。如前所述（請參考第190頁），人類擁有豐富的鏡像神經元，很容易自動模仿與自己親近的人，包括想法、情感和行為等等。

　　這些人雖未患有精神疾病，但因貼近與自己親近的家人，

而產生明顯的幻想或幻覺現象，在精神醫學裡將其稱為「共有型精神病」（shared psychosis）。雖然還不到出現幻覺的程度，但會使他們陷在差不多的幻覺之中。例如：夫妻嚴重不合，促使媽媽對爸爸的憎惡愈來愈大，這份情感會原封不動的傳達給與親密的子女，導致子女亦會憎惡爸爸。反過來，爸爸對媽媽的憎惡情感同樣會轉嫁給關係緊密的子女，致使他們討厭媽媽。雖然共有型精神病是不常見的疾病，但是精神脆弱的人，像是「三母子事件」中與媽媽互相依偎的子女，以及自我未分化的人都很容易患上共有型精神病。當這種情況發生的時候，首先要做的事情就是將兩個人分離。患有共有型精神病的人不需要太多

的治療，只要斷開兩人緊密的關係，即能痊癒。也許那兩位兒子是因為媽媽不幸的婚姻與精神疾病，引發某種程度的共享反應，對媽媽的痛苦與信念感同身受。

由此可知，年幼的孩子們會吸收照顧者所有的情感、想法、欲望與期待。他們會喜歡自己喜歡的人所喜歡的人，討厭自己喜歡的人所討厭的人。最初的欲望不是自己的欲望，而是第一個自己喜歡的人的欲望。孩子們會與父母共享許多事情。不過，等到孩子的自我形成之後，他們知道父母的欲望和自己的欲望不同，就能擁有與父母不同的想法。健康的父母會藉由這個過程，促進孩子的分化與獨立。

然而如果是像「三母子事件」裡夫妻有嚴重不合的情況，夫妻之間應共享的親密感與關愛會直接轉嫁給孩子。在情緒方面，他們依賴孩子，藉由孩子身上獲得安慰，並且將生活的重心與期望全給了孩子，希望倚靠這些情感與孩子建立密不可分的關係。心理層面與配偶斷絕的爸爸或媽媽，容易不知不覺將親生子女看作自己的另一個「小情人」。

家族治療理論學家鮑文將這種夫妻間無意識把子女拉進來，使得摩擦趨於複雜化的現象稱為「三角化」（triangulation）。孩子夾在夫妻的矛盾之間，致使他們過得不自由。他們成了父母其中一方的「人質」。在扮演小情人角色的過程中，他們雖然可以從中獲得快樂，但也讓他們產生異常的眼光去看待對方的缺陷，甚至

產生憎惡的情緒。他們與其中一方成為共同命運體，最後，夫妻間的摩擦與傷痛只能完全占據他們的心靈。

上述的情況是否覺得熟悉？沒錯，這樣的情況與前述照顧型案例的篇章裡提過（請參考第128頁）。明浩從小就扮演著媽媽的小情人，直到長大成人。兒子成了媽媽心靈的依靠，雖然這份依靠讓媽媽平安度過不幸的婚姻，卻也不得已將這份生活重擔落在兒子的肩上。因此，在明浩還需別人照顧的時候，就學會照顧媽媽了。更令人覺得心疼的是，這個照顧不僅限於媽媽與自己的關係，它已經支配著明浩往後的所有人際關係。逗他人開心是他覺得最開心的事情。在諮商的過程中，他理解到原來支配自己一生的人際關係模式，是來自於自己的創傷歷史與共同依存的逆功能性關係模式，並向自我分化發展更邁進了一大步。他開始區分自己與他人的警戒線，以及跳脫對他人的過度責任感，並對自己的生活負起責任。漸漸的，他知道自己的情感與內在欲望是什麼之後，一個人也能找尋快樂了。

了解不斷重蹈覆轍的「我的關係史」

我們可以用兩種方式了解自己的關係史：

一、連結現在的人際關係與過去的人際關係。問問自己：「到底是什麼原因讓我被這個人拉著走？」、「我為什麼會和這個人

建立這樣的關係？」、「為什麼我會一直重蹈覆轍相同的關係模式？」雖然每個人的苦惱和問題有可能有些差異，但我們在觀察自己整體的人際關係時，多少會疑惑是不是有一個反覆的模式在操縱自己？「我為什麼在對方隨意說我的時候，仍無法告訴對方我的不愉快？」、「我為什麼在有人接近我的時候，會過度警戒自己，或拒絕他人於千里之外？」、「我為什麼要在對方感到負擔的時候，還要為他做些什麼才覺得安心呢？」、「我為什麼在和他人有不同意見的時候，會過度的激動呢？」

我們會有習慣性的思考、感受以及行動，當然也會有習慣的關係模式。我們不自覺的反覆重演相同的人際關係行為模式。大家以為此時此刻，自己與每個人的關係都是不一樣的，如果與別人之間的關係變得痛苦，我們覺得那是自己與那個人的問題。確實如此，但是，假如自己沒有和那個人相遇，就不會發生類似的問題嗎？幼兒時期的經驗，比我們想像中的還要強大的支配了我們的內心與人際相處。如果我們不能自覺，最初的人際關係經驗將會支配我們的一生。與父母的關係愈是密不可分、幼年期的依戀損傷愈深，其關係模式的影響力愈大。長大後依舊順應著父母，或是處處與父母針鋒相對，都不是真正的獨立表現。換句話說，總是順著父母的意思而不能活出自己，或是費心費力想要擺脫父母的陰影，甚至努力去不要和父母有任何關係，都是未能脫離父母影響力的狀態。

最初的人際關係是我們關係的「原型」，使得我們一直使用相同的關係模式。我們會感受到同樣的情感，使用同樣的方式與人相處，這種關係框架，依戀理論學家稱作「內在運作模式」（internal working model）。如同在同一面牆上刻印，會產生相同的框架，人際關係裡亦有關係框架，所以人們會以相同的模式建立關係。假若我們不去改變框架的模樣，將重複上演同樣的關係歷程。

在前幾章節，我們探討了心理界限異常導致的四種逆功能性的關係框架，也就是「順應、照顧、防禦、支配」四種類型；關係框架因為都由幼兒期的依戀損傷造成，以至於影響他們一生不斷重演人際關係的悲劇。年幼時產生的關係框架是為了維持基本生活，然而，這樣的關係框架如果直接套用到成人的人際關係裡，必然會引起問題。只要發現這個問題的人知道怎麼修正自己的心理框架，以及轉換過去的關係框架，即使小時候曾受過很大的依戀損傷，依然能在長大後擁有一個健康的關係模式。

只是沒有任何一個人可以完全脫離這些逆功能性的關係模式，我們每一個人在某一程度上都會有逆功能的關係模式存在。此外，這些逆功能性的關係模式會因我們遇見的人而有所變化。當「支配型」碰上「支配型」，他們看似無法互相建立關係，但在某種情況之下，兩個人可能會變成「順應—支配」的組合；同理，當「順應型」的人遇到「順應型」的人，亦有可能轉換成「順

應─照顧」的組合。人類的自我具有多樣層面,在一段關係之中,它會逆行至恢復平衡。

在成長過程中,我們會以為每一段新的相遇都會與過去不同,但其實小時候與依戀對象的相處關係模式,是我們人際關係的雛型,將會反覆運用在往後的任何一段關係之中。比如一個孩子在愛拒絕他人又冷漠無情的照顧者身邊成長,這個孩子將會無法信賴他人,對自己也無法產生好感。

也有些孩子們曾看見照顧者辛苦的一面,每天都在苦惱該怎麼做才能讓照顧者開心。長大後,他們將會刻意尋找一些有情感困難的人,希望這些人借助自己的幫忙,重獲喜悅。有些孩子因父母生重病,每天擔心自己會不會被拋棄。當他們長大成人後,可能還懷抱著恐懼,害怕自己最親密的人有一天會突然離開。一個需求無法被滿足的孩子,每次都和父母發生劇烈爭執。在他成人後,會為了得到自己想要的,徹底壓制對方、使對方屈服。

即使如此,我們的關係框架不會固定不變,一輩子皆如此。經歷數百次的人際關係和自我反省,我們能改變內在運作模式。我們有責任要轉變自己的關係框架。因此,我們必須理解自己的關係史,創出屬於自己的世界。

二、觀察父母的關係模式。我在諮商的時候,總是常聽到有關「壞媽媽」或「壞爸爸」的故事。不過,他們在進行治療的過程中,慢慢會開始產生疑問:「媽媽(或爸爸)為什麼要這樣對

我？」這是拋開家人的關係，以第三人稱的角度觀看父母並思考的問題：「為什麼那個人會這麼做？」在這個過程中，我們會發現原來父母跟自己一樣，小時候的傷痛尚未復原就長大成人了。從這角度出發，我們發現了「傷痛的歷史性」，它並非來自於一個人的問題。如果媽媽是帶給自己傷痛的人，媽媽的家人裡也會有一個帶給媽媽傷痛的人。我們認知到這項事實之後，就更能接受每個人都是一個容易受傷，也容易為他人帶來傷害的人。

美國知名專欄作家蘭斯・莫羅（Lance Morrow，1939- ），將傷痛代代傳承下來的本質現象，譬喻為層層包裝的箱子，宛如俄羅斯娃娃，人偶裡面還有人偶。我們就像被困在一個不自知的箱子裡，若不努力去敲開它，我們會永遠待在那個箱子裡面，並在裡面再製造出另一個箱子。下一代將繼承上一代的傷痛，一個裝著一個。

> 所謂的世代，就像箱子裡面的箱子裡還有另一個箱子。我們發現媽媽的暴力裡面隱藏了另一個箱子，裝載著爺爺的暴力。在（懷疑但未知的）另一個箱子裡面裝載著你不知道的險惡和隱密的力量存在。每個事由與事由之間環環相扣，隨著時間不斷推移，不斷蔓延。
> ——引用自蓋博・馬特（Gabor Mate）《當身體說不》（*When the Body Says No*）

你發現了什麼？

　　我們生活中有一條看不見的循環流動線，引導我們的消費、對話、戀愛，以及玩樂模式等等生活中的所有樣貌。而如果仔細一看，連我們的思惟、感受、處理摩擦的反應，甚至人際關係裡都有一個固定模式。簡單來說，這些構成了我們生活中的習慣。這個模式於幼兒期出現，之後有可能會改變，但也有可能在成長過程中變得更強硬堅固。有些人的模式是適用的，但也有不適用的。

　　我們必須理解自己的生活與人際關係之中，反覆不斷發生的事物為何？其模式的歷史又是什麼？了解以後，我們要打破那

個重蹈覆徹的模式，創造新的適用模式。雖然這遠比想像中的難。首先，我們很難發覺自己在人際關係之中有何問題，更可能不願意認同問題的存在。特別是自我過度分化的，他們時常由外部去找尋問題或摩擦產生的原因，所以很難去認同自己亦是問題的來源。

　　比起追求正確的行為，人們更追求的是熟悉的事物。即使是一個壞的行為或關係模式，人們陷入習慣後，能從中獲得莫名的安全感，導致壞的行為與模式循環不斷。可是，當我們繼承了傷痛並由它引導內心的成長，還是要主動去發現未知的逆功能性關係模式，並於在理解過後嘗試改變。我們將藉由以下的問答，幫助大家理解自己的關係模式，建議讀者於深思熟慮後，再一一回答。

我的關係史問答

1. 回想小時候和父母之間的關係，包括你與爸爸、媽媽、兄弟姐妹之間的關係。請專注於第一個想到的印象，如果用一個形容詞或詞彙來表達你最先想到什麼呢？

    對我而言，爸爸是＿＿＿＿＿＿＿＿＿＿＿＿＿＿＿＿。

    對我而言，媽媽是＿＿＿＿＿＿＿＿＿＿＿＿＿＿＿＿。

    對我而言，兄弟姊妹是＿＿＿＿＿＿＿＿＿＿＿＿＿。

2. 如果你曾經在小時候被家人傷害過，回想當時發生的事情是什麼？當回想那件事情，你的感受是？盡可能的用具體的詞彙表達此時的情緒，以及當情緒產生的時候，你的身體有什麼反應，它發生在身體的哪裡？在那件事情發生之後，對你的人際關係有何影響？

3. 小時候，在家庭之外，又有哪件事讓你感到最傷心？當時你的狀況是什麼？父母與家人的反應又是什麼？

4. 以前在家裡，你是什麼樣的存在？下列有你覺得符合的形容字彙嗎？若有的話，請思考為什麼你會覺得這個字彙可以形容你在家中的存在，以及與這個字彙相關連的事件為何？

- ☐ 輔導者　　☐ 問題兒童　　☐ 仲裁者　☐ 說謊者
- ☐ 擔心的人　☐ 公主（王子）☐ 小丑　　☐ 小可愛
- ☐ 代理配偶　☐ 孝子　　　　☐ 可有可無的孩子
- ☐ 犧牲品　　☐ 小大人　　　☐ 父母的開心果
- ☐ 父母的朋友　☐ 出氣包
- ☐ 無力的孩子　☐ 不同國的人

5. 下列哪些詞彙可以描述你小時候的心靈基礎？這份基礎情感在你長大之後，變得如何了？這份情感對你的人際關係有何影響？

- ☐ 空虛　☐ 幸福　☐ 孤獨　☐ 恐懼　　☐ 憤怒
- ☐ 愉快　☐ 羞恥（丟臉）☐ 罪惡感　☐ 鬱憤　☐ 嫉妒
- ☐ 遲鈍（發呆）☐ 憂鬱　☐ 無力感　☐ 傷心

6. 小時候的負面情感對你長大以後的個性有何影響？你覺得對你的人際關係有何影響？如果你的情緒有比其他人更為敏感的部分，那是什麼？

7. 如果你在小時候有受到父母的傷害，你想父母為什麼會這麼做？你知道你父母的幼年歷程嗎？父母和他們父母之間的關係為何？父母在何種環境下長大？又受到他們父母什麼的影響？

8. 你怎麼處理與親近的人之間的摩擦問題？主要使用迴避、說服、攻擊、阻斷、順應、妥協與互助中的哪一種？年幼的經驗，對你發生摩擦時的感受與處理方式有何影響？

9. 在四種逆功能性的心理界限類型中，哪一個與你最相近？可複選。為什麼你會覺得自己屬於這個類型？

   □ 順應型 □ 照顧型 □ 防禦型 □ 支配型

10. 你現在的親密關係裡存在著某個互動習慣，與反覆發生的逆功能性關係模式嗎？有的話，那會是哪一種？

第 17 章

治療依戀損傷

●

重建心理界限不僅是降低或提高界線的問題，

更需要開始填補自己的心靈空洞。

●

　　重建心理界限的過程是非常艱苦困難的，因為我們需要從心裡深處回溯到幼年時期的依戀損傷歷史，才能找出不健康的心理界限。當然，心理界限的問題根源，不全是依戀損傷的關係，它來自於遺傳與個人特質、養育環境、成長過程等綜合發展導致的結果。以及，青少年時期與成年期的創傷亦會產生退行現象，引發心理界限問題的出現。不過，這些因素中，依戀的創傷依舊是影響自我分化與引發心理界限異常的主要因素。我將依戀損傷比喻為「心靈空洞」。不能得到愛的感受宛如心靈破了一個大洞。這些人的心靈總感到空虛，且這種空虛感無法用任何東西填補。

重建心理界限不僅是降低或提高界線的問題，重點在於開始填補心靈空洞。填補的時候，或許你能特別感受到空洞的存在，也許不能。可以確定的是，我們必須一點一滴慢慢填補，然後我們就能對自己或他人更親近一些。

會改變關係嗎？

年紀長一點的人們常說：「東西可以維修，但人不能。」人可以變成一個比大人還更成熟的人嗎？人類真的有辦法自己改變自己嗎？答案與每個人的生活經驗，以及自己和哪種人交往有關。藉由我的自身經驗及在諮商室裡遇到各式各樣人們的經驗，讓我相信「人是可以改變的」。當然，改變是有條件的：

一、必須自覺到自己有不斷反覆發生的問題，並且理解問題在哪，為什麼會發生，以及其徵狀為何？二、要願意努力。自己必須有意識的持續產生新的思惟與行動。因為自覺只是開始的第一步，有意識的努力才是持續的動力。三、需要非常渴望與迫切期望自己可以變化。在變化過程中，反抗力是很大的，況且，在過程中會一直嘗試到失敗的滋味。所以需要找到可以抵抗它們的力量，特別是改變一個存留很久的關係框架，我們需要花費更大的力氣。想想過去的戀愛經驗。一個不常主動打電話給朋友的人，卻在戀愛的時候，也會變成主動聯絡他人的人。你的欲望愈大，

愈深愛一個人的時候，你就會改變自己。改變的欲望變大，愛得更深，就能打破那個框架了。

你想要學會拒絕嗎？你想要誠實表達自己嗎？你不太懂得拒絕，是因為你不想和他人的關係變得尷尬、產生衝突。然而，人生的某一瞬間，你會發覺誠實表達自己比避免和他人產生衝突更為重要。你會明白失敗後的重新挑戰比不失敗更有價值。這時候，你就會開始改變了。

會去挑戰的人，不是因為他無所畏懼，是因為他知道挑戰後得到的價值大於恐懼。況且有得必有失，不曾表達過自我主見的人突然開始表達自我的時候，會產生過去不曾有過的不舒服、緊張和害怕等等感覺。因此，我們要學習承擔它們。當你有勇氣去承擔一個不舒服的感覺，你就能依照心裡所想的行動了嗎？答案是肯定的，但請切記一件事情，不管你再怎麼努力，很多事情都不會這麼容易的照自己的意思進行。若不能認同這點，你將會陷入盲目之中。這並不是只侷限於個人的問題，人與人的關係是難以單靠努力就能改變的。真正要改變關係，不要刻意用自我意識去改變對方，要改變關係，則不能放過任何一個能夠以自我意識去改變自己的機會。因此，改變關係的焦點在於「自己的改變」，與是否能掌握對方無關。自己想擁有哪種關係，要從自己的想法、態度、反應與表達開始改變。

太太跟每天都在看手機的先生提議週末放下手機，和家人一

起到公園走走，這種提議就有可能不會產生任何改變，甚至有些先生會對太太生氣道：「我的休息方式就是待在家裡不動，為什麼非要到外面折騰我？」然而，這時不管有沒有改變，重要的是你有沒有確切表達出你想要做的事情，比如：「我希望一週裡多少能有一些家人相處的時間，在這個時間裡，感受到我們是一家人的這件事。」或許，先生仍是反應冷淡，但至少你得到的不是對方發洩出來的不愉快，你得到的是成功正確傳達隱藏在情感背後的自我欲望，這也代表你做到自我改變了，剩下就看對方的意思了。萬一對方一直於無視你的表示，就是時候好好思考你們之間的關係該往哪裡發展了。

區分過去與現在的關係

人際關係會一直糾纏不清的原因，是人們將幼年期的關係模式直接套入現在的關係模式裡。幼年期的關係模式是「孩子—成人」的單向性關係。反之，「成人—成人」的關係是雙向交流的。當一個人將「孩子—成人」的單向關係模式套用於一段「成人—成人」的關係裡，必然產生許多問題。就像你把家人間相處的模式帶到公司裡，很容易會發生問題。在家裡你可以拜託家人幫忙自己做該做的事情，但在公司裡，自己的事情要自己負責。

經歷過幼年期和青少年期，人們完整發展出成熟的人際關係模式之後，即可區分這兩個時期的人際關係模式不同之處。相反的，未解決幼年期問題的成人會對這兩種關係模式感到混淆。一段成人關係應要互相理解、互負責任，但他們卻像孩子般依賴著對方，或耍賴強求他人滿足自我欲望，大鬧彆扭。或在對方大聲說話的時候，像個孩子一樣不敢說話，嚇得不敢動彈。因為他們在「成人—成人」的關係裡，使用了「孩子—成人」的關係模式。

　　一個孩子的成長過程，其中最困難的課題是獨立。通常說到獨立這件事，我們會想到生活或經濟上自立，但更重要的是精神上的獨立。懂得如何表達自己的想法與欲望，可以隨著自己的價值觀決定每一件事情，並且能夠建立「成人—成人」的人際關係。

　　如果可以不被小時候與父母間的衝突問題影響，而與他人建立一段新的關係，我們將其稱為「衝突獨立」（conflictual independence）。能否在不被那些因衝突而產生的分離不安、過度責任感、不信任、羞恥心等等情感綑綁住的狀態下對待他人，是一個很重要的「衝突獨立」衡量尺度。學會「衝突獨立」後，我們可以發現最重要的是「現在的我」，不是「過去的我」；認知到「現在的對象」不是「過去的照顧者」。沒有人不懂這道理，在一段正常的人際關係裡，我們可以分辨兩者的區別；但是，心理界限出問題的人們在親密關係裡，往往會分不清楚。

這種現象在談戀愛的時候更為明顯。本人不自覺的讓「現在的我」回到「過去的我」，把「現在的對象」看作「過去的照顧者」。期待一個在「成人—成人」的關係裡，絕不存在且不切實際的期望，希望透過努力填補過去的依戀缺乏，以及被捲入到原始衝動的情感漩渦中。因此，要改造不健康的心理界限的方法，就是把「孩子—成人」的關係模式改成「成人—成人」的關係模式。

敏珠小時候受到爸爸的傷害極深。爸爸生氣的時候，總是對媽媽罵髒話。現在爸爸年過七十，性格依舊不改。每次過節的時候，看見這樣的爸爸，敏珠無言以對。她弟弟年幼的時候，也曾在阻攔爸爸的過程中，被打了耳光，好幾次被趕出家門外。爸爸年過七十了，敏珠在爸爸面前仍是一個被趕到家門外的國小生。敏珠不理會爸爸的辱罵，不是因為她執意認為爸爸死性不改，其實是她背後隱藏的恐懼。她曾經向別人訴苦，但因為敏珠未曾好好的跟人說過這件事，結果沒有任何改變。

我問敏珠：「假設你們繼續像現在這樣，放任爸爸亂說話，爸爸當然會繼續這麼做。也許勸說了，爸爸還是照樣罵。但妳覺得，妳向爸爸表達出不要辱罵家人的行動，是毫無意義的嗎？妳覺得為自己站出來的行為具有意義嗎？」敏珠深思了一番，她覺得說出來的行為本身是有意義的。因此，她決定不管爸爸會不會改變，她只專心表達自己想要的。

不久之後，她回到故鄉。看見依舊很愛亂罵媽媽的爸爸，猶豫片刻，她鼓起勇氣向爸爸說：「爸爸！你要罵媽媽到什麼時候？從小，我就看到你這樣，你知道我有多痛苦嗎？你有想過看到你這個模樣的子女們，心情會如何嗎？能不能不要再亂罵了？」敏珠瞬間情緒爆發，但她把想對爸爸講的話一一明確的說出來了。

爸爸如何回應呢？他突然看見女兒激烈的反應，感到慌張了。他目瞪口呆的發愣之後，離開了房間。從那之後，他會刻意避開女兒。雖然敏珠害怕在自己離開後，爸爸會不會對媽媽做出更可怕的事情？但是她仍必須回到首爾。後來，她聽媽媽說：「妳爸爸不知道是不是受到衝擊太大，現在一直看我臉色，說話也變得很小心翼翼。」以爸爸的個性，無法說出一句對不起，但至少女兒在場的時候，他說話會變得非常小心。原來女兒因為自己的關係，受到很大的傷害。這個事實對爸爸的衝擊很大。總而言之，最重要的不是改變對方，最重要的是，真真切切的說出自己的內心話。就算只是為了如此，光是鼓起勇氣去行動的本身，就是具有價值的，就算無法預估行動後的結果如何。

想要脫離傷痛嗎？

我的病人大多是因為本人自己感到痛苦而主動來接受精神治療。他們希望可以解決長期存在的問題，擺脫心靈的苦痛。不單

只是來到諮詢室的人們，所有人都積極的期望自己可以改變，獲得幸福。可是，諮詢過後，我發現大部分的人幾乎都是被「自我抵抗」打敗的。他們的體內有顆頑固的心，讓他們不願脫離苦海、不願變化。若他們被這個「自我抵抗」打敗，治療亦不能讓他們往前發展，甚至就在要好轉之際，立刻退回更糟的狀況。為什麼會這樣？就像一個東西雖然對自己毫無用處，但它畢竟跟在自己的身邊很久了，突然要遺棄它的時候，總會產生留戀。刻印著回憶的物品，它像是身體的一部分，難以捨棄。

人類是一種社會性動物，很容易感受到社會帶來的痛苦。因此，當與親近的人分手或被排擠於團體之外，其受到的痛苦不比身體上的痛苦來得少，裡面更包含了很多「斷絕」與「喪失」相似的情感，如傷心、哀悼、悲嘆、孤立感和孤獨感等等。

我們會與曾經一起生活且熟悉的所有事物之間具有親密感。在心靈上，它們超越了親密感，它們代表自我整體性。未能治癒依戀損傷的人們於長久以來，帶有慢性不安、絕望、鬱憤、傷心、無力感和報復心等等的情感，並以這些情感作為自己的基礎情感。這些情感雖然令人不愉快，但卻是他們在自我整體性裡的核心情感，也是他們最熟悉的情感。我們常把自我尊重看作「認知次元」上的問題。以為用言語說出「我是個不錯的人」、「我是個有價值的人」，我們就能如同說出的話般，真實獲得同樣的感受。但，自尊心是在認知層次發生前的情感層次問題。自我內心的基礎情

感是自我尊重的核心要素。因此，在未修正基礎情感的狀態下提高認知上的自我尊重，只不過是表面上的改變。

不是每個依戀損傷都會損壞心理界限，因為依戀損傷是普遍會發生的現象。所以，不能治癒的依戀損傷才是問題。任誰都不能理解的、無法自我處理的、讓人痛苦的情感問題，若將它們牢牢拴在心上，自然會成為自我整體性的核心情感。對那些不能治癒依戀損傷的人們而言，即使多麼痛苦，恐懼、鬱憤、傷心、絕望、羞恥心、無力感和報復心是他們最熟悉的情感，長期與它們相處在一起，對其他溫暖與愉快的情感反而會產生強烈的格格不入感。因為那些愉快的情感與自我整體性的情感相衝突，讓他們覺得自己不像自己，因而覺得慌張、不舒服，只好把那些愉快和溫暖推開。

那些不能治癒依戀損傷的人們，既想脫離不好的情感，又無法接受好的情感；既想擺脫過去，又擺脫不了。這使他們處於一個進退兩難的困境，而感到混亂。拋開熟悉的情感宛如自身被分解或崩潰的感覺，強烈的自我喪失，導致他們無法拋下這些負面的感覺。擺脫自我的負面情感，並接受正面情感，這個動作對他們而言，就像是自己在否認自己，如同穿上別人的衣服的時候，覺得彆扭。他們在過去的情感與關係模式裡莫名感到安逸。他們知道自己必須改頭換面，但內心卻極力反抗。由此可知，重建心理界限，單靠認知的改變是不夠的。

他們需要治癒依戀帶來的創傷。如果不治療因依戀損傷導致的核心情感及畏縮在受傷心靈的年幼的自己，我們將不能重建心理界限。反覆依戀損傷造成的畏縮情感可以藉由專家的力量，在一個安定環境下，以重造經驗的方式——瓦解已凝聚的情感印象、感受與想法。此外，具體了解這些心理損傷對自己的發展與待人關係有何影響。最後，重新組合那些被依戀創傷分解的神經系統，穩住過度敏感的壓力反應系統，整合過去與現在，創造出新的自我整體性。

安慰自己的能力

雖然我無法僅透過書面文字表達整個依戀創傷的治療過程，但我必須說，在自我治癒的過程中，有一項最重要的能力，即「自我安慰」的能力。我們看見我們所愛的人很痛苦的模樣，我們會感到心疼，想要和他一起分攤並安慰他。因為我們體內有一種情感，叫做「憐憫」。人類能夠成為高度社會敏感性動物，全是憐憫賜給我們的恩惠。

既然如此，我們不能把這份社會情感放在自己身上嗎？就像對待愛人一樣，我們不能以同樣的方式對待自己嗎？孩子傷心痛苦的時候，需要他人的安慰；然而，成人覺得辛苦的時候，則有能力可以自我安慰。換句話說，成人擁有情緒上的自律性。一個

健康的孩子其實也有情緒上的自律性。之前曾討論過，物體恆常性的重要功能之一即是「自我撫慰的內射」。如果一個孩子擁有物體恆常性的能力，在看不見媽媽的時候，可以自我安慰：「別怕，我叫媽媽的時候，媽媽就會跑過來找我了！」時間雖然很短暫，但這是孩子一種自我安慰的表現。

懂得安撫自己的心情，這是心理界限健康的人擁有的能力。他們有能力可以調節自我情感與安慰自己的苦痛。他們不僅在意他人的苦處，更在意自己的痛苦來源。除了對他人的憐憫，他們還有「自我憐憫」。憐憫是一種成熟的情感表現，與同情是不一樣的。憐憫是一種心疼和想一起分攤的連帶情感。自我憐憫的用意並非將自己視為世界最悲慘的人，而困在苦海裡什麼都不做，不斷自我誣陷，增加自我痛苦。它是一種溫暖的情感，促使自己懂得心疼自己的苦處與不幸，因而能夠安慰自己。如果你不懂得自愛與缺乏自尊心，你是無法自我憐憫的。因為在我們的一生裡，痛苦與挫折都是不可避免的。

一個人平時的模樣並非是他的真面目，但在感到辛苦的時候，才會顯現他的真實面貌。同樣的，在生活不如意的時候、被誰傷害的時候，自己如何對待陷入痛苦的自己，才是自己的真實模樣。真正愛自己且自尊心強的人，有能力照顧受傷的自己。因此，來到諮詢室的人不單是因為太過痛苦，更是因為他們自我安慰的能力發育不全。選擇逃避，是他們最好的方式。對於受苦的

自己，許多人不僅不懂得安慰，還會加以批判。他們自我汙衊的能力大於自我憐憫。自我過度分化的人會把痛苦轉嫁給他人，是因為他們安慰自己的能力實在是太糟糕了。

我們必須學會自我安慰。在感到不舒服的時候，學會如何親切的照顧自己，而不批判自己或他人。只要設立好一個可行的目標，你就一定能做到。如果你不曾安慰過自己，那就先從你在發生不好的事情時，在十次裡有一次試著安慰自己吧。以下將介紹一些簡單的自我安慰的方法：

平時我們要訓練自我安慰的能力，才能在遇到問題的時候，拿出來使用。就像平時要有消防演練，當火災發生的時候，才懂得拿起滅火器去滅火。在睡覺前或上下班的路上練習，或是短暫想起的時刻也好。我是會在走路的時候練習。要練到什麼程度，要在哪裡練習呢？這都沒有正確答案。不管在何處，不斷練習就對了。日常生活裡，多對自己有一些溫暖的關懷，一定會發揮累積效果。某一天，當突然發生不好的事情時，不知不覺的，你會發現你正在安慰自己。

訓練自我安慰的方法，是給自己一個溫暖的微笑，說一句溫馨的話。給現在的自己，或是那個自己內心受傷的孩子都好。治療內在的過程中，許多人會想起過去自己的樣子，比如呆呆看著窗外的樣子、瑟瑟發抖的樣子、畏縮在房屋角落的樣子、蹲在學校運動場或遊樂場角落的樣子等等。這些可能是真實發

生過的畫面，亦可能是自己想像的畫面，象徵自己獨自站在荒涼之處的樣子。

　　第一個自我安慰的訓練是「給自己一個溫暖的微笑」。閉上眼睛，回想一個「向自己微笑的笑容」，然後，再試著對自己露出一個微笑吧。你有什麼感覺嗎？過去曾有一個契機，讓我發現這個很好的訓練方法。我以前很不會在照相機面前微笑，每次訪問的記者叫我微笑的時候，我都覺得很不自在。儘管努力試著笑了，看起來卻都很假。而且，也不會因為經驗的累積而有所增長。突然，有一天我不為誰而笑，想像自己給自己一個微笑，反而好多了！從那之後，我常常對自己笑。「給自己一個微笑！」成為我安慰自己的動力。小小的微笑累積到一定程度後，我不知不覺的會慢慢關心自己。而且，當我把這個方法運用到治療自尊心的計畫裡，也能看到這個方法帶來的實際威力。現在你也試試看吧！看看有怎樣的變化。

　　第二個自我安慰訓練是「給自己溫馨的一句話」。平常就算沒有特別的事情發生，也要親切的對自己說一句話。除此之外，若能一邊撫摸自己的身體，一邊對自己說話，則更有效果。身體移動的時候，可以把一隻手放在跳動的心臟上說話；如果身體是靜止狀態，可以雙臂交叉於胸前對自己說話，像是：

「希望再怎麼辛苦，我也要對自己好一點！」

「希望（心情）平靜下來！」

　　既然都嘗試了，最好還是想一句自己對自己說的話吧。希望大家在設想的時候，不要以「我應該要～（做什麼事）」的句型開頭，這會像是在賦予自己責任一般；請改以「我希望～（能做什麼事）」的句型開頭，像是在期許自己一樣。被時間追趕著生活的我們，總是會不小心操之過急。在這一刻，我們會產生一種心境，責罵那個該注意而沒注意到的自己。但在我們責罵自己之前，請先想起自我安慰的話，比如：

「希望我的心情平靜下來……」

「希望再怎麼忙，我也要好好照顧自己……」

第 **18** 章

建立心理界限的自我表現訓練 P.A.C.E.

●

自我表現的核心是表達情感內的欲望，並非只是表達情感而已，

重點在於表達自己想要的是什麼。

●

　　該如何讓心理界限變得健康？重建健康的心理界限，其涵義為建立「你我互相尊重」的人際關係。它不是一個習慣性的行為，而是需要有意識的。因此，我們需要學會三件事情。一、感性連結理性；二、確切掌握自己的欲望；三、考量對方的心情後，誠實表達自己。重建心理界限是一件不容易的事情，因為你必須改變從小養成的習慣。

　　西方心理學理論中，將重建心理界限的行為稱作「自我肯定」（self-assertion）。其實，在歐美社會，這個概念已普遍的運用到各種心理訓練計畫裡。但在東方文化圈裡，「自我肯定」一詞給

人一種具有攻擊性的印象。雖然我們可以分辨何者為具有攻擊性的自我肯定，但我們不能理解真正的差異在哪。因此，本書裡將「自我肯定」改為「自我表現」。表達自己的想法或欲望並不會產生不安與罪惡感，是與尊重他人同等重要。

不管是自我肯定還是自我表現，誠實展現自己的內心，多多少少會有危險性。可謂得失並存。很有可能誠實表達自己後，會讓對方的心情變糟，致使兩人的關係變得尷尬。這樣的關係，有時候也可能會是持續性的。即使如此，在尊重自己與他人的前提下，自我表現帶來的危險會比想像中的少。慢慢表達自我的時候，不安與緊張的情感會漸漸消長。有些人還會開始喜歡起自己。且不是自尊心高的人就能做好自我表現，而是自我表現得好的人，其自尊心才會提高。

美國自我主張訓練專家赫爾伯特・芬斯特海姆（Herbert Fensterheim，1921-2011）曾說：「你的自我表現程度決定你的自尊心高度。」令人驚訝的是，能做好自我表現，你就可以喜歡自己。所以，不需要擔心自我表現會讓你失去很多東西。況且，自我表現可以讓你活出自己的生活。我們知道自我表現不只有在拒絕和推託他人請求時，還需要尋找自我生活裡的欲望，並可以將這個欲望表達出來。

本章節將具體說明，如何透過自我表現來重建心理界限。將自我表現的訓練分成幾個階段。「分階段的學習」會更有效

率，比如一個人剛開始學體操表演，要分成好幾個動作，一個一個練習至身體完全熟悉，之後再將各個動作連接在一起，這才是最有效率的練習方法。雖然這個訓練過程階段有一點像是機械式分化，但我仍把「重建心理界限的自我表現訓練」劃分成「暫停（Pause）—意識（Awareness）—調節（Control）—表達（Self-Expression）」四個階段。

自我表現雖然重要，但並不是每一個情況下都必須要有自我表現。在對的場合，特別是重要的場合裡，才需要自我表現。有時候，甚至保持沉默才是最明智的表現，更是輸贏的關鍵。以下簡單概述自我表現訓練的四個階段：

一、暫停自動反應。二、意識到自己的情感、需求與責任。三、判斷整體的狀況。四、慎重、誠實的表達自己。

第一階段：暫停 Pause ——
練習暫停與保留自動反應

「是！我知道了。」、「是！沒錯。」「是！我會修正的。」這幾句話在哪兒常聽到呢？沒錯，就是軍隊。軍隊是一個最強調上命下從的團體。權威主義下的軍隊文化，是在你思考之前，即必須先開口回答和做出行動。心理界限不健康的人，在人際關係裡的傾向與軍人很相像。因為他們的認知大腦與情感大腦兩者不

能連結，導致自動反應的頻率過高。我們常說「三思而後行」，但他們通常反而是先行而後思。根據每種心理界限異常的類型，其自動反應又有所不同。

「順應型」在他人拜託自己的時候，不先考慮自己的情感或狀況，易先脫口而出：「我知道了」。「防禦型」在他人接近的時候，分不清對方是關心還是干涉，會先自動反射說出：「走開」、「不行」。「照顧型」或「支配型」同樣是不經思考或他人的同意，隨意侵犯他人的領域。他們單方面的自我主張：「那是錯的！為什麼你會這麼想？」或者給予對方不需要的建言與幫助，特別是支配型的人，像是：「你試著做做看嘛！」他們在他人與自己見解不同的時候，那瞬間的表情、眼神或語氣會改變，出現神經質或具有攻擊性的自動反應。因為他們覺得自己被無視，或他人故意在挑戰自己。此種反應雖非有意的，但這種反應只會兩敗俱傷，以及產生摩擦。

即使他們的反應是在有意識的狀態下發生的，仍有幾個共通點：一、這些反應是習慣性與自動自發的。二、以自己的感受與想法判斷事情。例如：我拒絕對方的話，他一定會覺得受傷；我這麼做的話，對方一定會開心；對方來跟我說心情不好的話，一定是想要利用我；我覺得她不理我的話，一定真的是無視我。他們不會認為自己的感受與解讀其實與真相差距很大。

重建心理界限的首要工作是減少這些自動反應，開始增加有

意識的反應。所以，我們第一步需要先練習暫停自己的自動反應。大聲說：「STOP！」停下來並分析觀察情況，即「保留反應和判斷」。先好好思考自己想要的是什麼？我的感受是對的嗎？對方是真的無視我嗎？對方真的需要我的幫忙嗎？不是要你突然停止說話，暫停自動反應的意思，是要你多向自己或他人提出疑問，並延長彼此的對話。

以順應型的人為例。上司對他說：「請你做這個！」或是朋友對他說：「你現在出來一下！」就算他們不知道上司給予的任務是什麼，也不知道朋友找他出來的原因是什麼，但是他們不會思考前後之間的狀況與連結，就無條件的自動反應回答：「好！」這時候，我們要暫停下來，先懂得向對方提問：「有什麼事嗎？」並開啟兩人的對話。

「暫停自動反應」的應對沒有想像中的簡單。就好像你開自排車一段時間後，突然改成開手排車，會很不適應。你需要花更多的時間、精力以及技術來應對。想想看，我們周遭有很多人習慣超速開車，他們不會分緊急和非緊急的狀況。學校前面的路上明明標示著限速標誌，當他們看見以後，仍不會減速。通常只有一個契機會讓他們決定要當一個安全駕駛，那就當是他們看到「車禍」發生的時候。不過，他們雖然有意識到自己的開車速度，但還是會不小心超速。原因在於他們已經習慣超速，對減速的練習不足。

意識到自己的心理界限出問題，導致自己不能照顧自己，或帶給他人傷害的時候，我們必須開始提高警覺。在發生更大的事故之前，我們要學會放鬆踩油門的那隻腳。已完成訓練的自我內心是不會有自動反應的。言下之意，我們可以隨時暫停自己的自動反應。因為我們不希望警鈴響起時，還像隻小狗一樣，只會發出吠叫聲。

第二階段：意識 Awareness —— 意識到自己的情感、需求與責任

透過以上所說，我們知道與他人交往的時候，需要學會暫停習慣性的反應，才能建立一段健康的關係。停下來之後，下一步該怎麼做？駕駛人看見斑馬線的時候，第一階段是停下來，再來是確認有沒有行人要過馬路。同樣的，行人在過馬路的時候，要是先停下來，確認左右有沒有車輛過來。若在沒有任何理由的情況下就停下來，這段關係的維繫不會長久。有了明確的理由，並且清楚知道下一步動作該怎麼做，我們才能夠穩住自己。

因此，我們要做的事情是「意識到自己的情感與需求」。了解自己的情感之後，我們可以打開或關閉自己的心理界限，以及靠近對方或與對方保持距離。那麼，我們要怎麼意識到自己的情感？答案來自於你的身體，正確來說，是「身體的知覺」

（perception）。情感不是由心而生嗎，為什麼是身體？其實，我們感受到的情感是透過暫時性身體知覺而產生的。這裡所說的身體知覺，並非指受到外部影響的視覺、聽覺等的「外部知覺」（exteroception），而是指身體的熱覺、心臟跳動、呼吸、昏厥、痛覺和肌肉痠痛等身體感受到的「內部知覺」（interoception）。

我們的生理和心理是相連的。情感和身體也是連貫的。如果我們不懂自己的情感的話，同樣不能意識到與這份情感相關的身體知覺，而且分不清兩者之間的差異。人類因有知覺功能，所以能感覺到情感。沒有伴隨身體知覺的情感不是情感，是想法。生氣的時候，我們的身體若無任何反應，這代表我們「認為」現在應該要生氣。知覺和情感相伴相隨，產生情感的時候，同時會產生知覺。所以，觀察身體知覺是修正自我、理解自己最基本的通道。

伴隨身體知覺的情感自覺告訴我們一件事，那就是情感有相互交流的功能。簡單來說，不安裡蘊藏著威脅，享受則代表回報。前述曾說到心理界限最重要的功能之一是自我保護，心理界限有警鈴功能，當與他人交往的時候，受到不舒服或威脅的刺激，警鈴就會響起。這個警鈴聲是由身體知覺傳遞而來的。然而，心理界限不健康的人，其警鈴功能是有問題的。他們的心理界限傳遞器不是過於敏感，就是過於遲鈍。因此，當警鈴的溫度已經超過標準的時候，有可能沒有響起，或者，當標準尚未達到

的時候，警鈴即響個不停，像個故障的火災警報器。順應型或照顧型的人屬自我未分化的類型，他們的心理界限傳遞器通常是遲鈍的。雖然他們很擅長忍耐，但其實是他們常常感受不到自己的辛苦或不舒服。

像是有人常常在別人睡覺的時間打電話去，或借錢不還又一直借錢，或者屢勸不聽總在他人面前揭別人的隱私，或不聽他人說什麼卻只顧著自說自話等等，像是面對這些情況，我們的心理界限就會響起。它們讓自己陷於不受尊重或不斷被侵犯的狀態。在我們的警鈴響起時，是向對方傳遞不愉快、不安、煩躁、不爽與憤怒的情感。這些情感會由身體知覺而來，比如：頭痛、心跳加速、胸悶、發熱或肩膀僵硬。

但是，自我未分化的人無法感應身體知覺。即使他們感應到了，他們的警鈴聲響一下就沒了。這是因為他們在關係裡，把「不好的情感」視為「有害的情感」。所以「一段好的關係裡不能存在任何不舒服的感覺！」、「產生不好的情感對這段關係是有害的！」他們自己把警鈴的功能調得遲鈍了。他們習慣忍耐不舒服的感覺，刻意不去減少不舒服的感覺。他們執意認為不舒服的感覺只會對關係帶來威脅，妨害關係的發展，因而不能察覺對方，甚至是自己的問題。

相反的，自我過度分化的人，其警鈴功能則非常敏感。他們在感受到真實威脅之前，警鈴聲就先響起了。對方關心與接近自

己的時候，因覺得自己備受干涉或控制，於是就提前發佈預測警報；或者，對方提出自己的意見的時候，立即產生對方有意挑戰自己的感覺，出現過度敏感的反應。常常伴隨在他們身邊的是煩躁或生氣的情緒。當他們生氣的時候，會伴隨著與生氣相關的身體知覺，比如：眼睛放大或身體用力、後頸僵硬、發熱等等。

但是，在仔細觀察他們的知覺與情感之後，你可能會發現他們外表上顯露的情感和知覺，與內心真正的情感不一致。外表上他看似在生氣，內心的感受卻不是這樣。例如：防禦型的人表現出在生氣或挑剔的樣子，其實內心是在害怕對方的接近會擊垮或操控自我。支配型的人則是在對方說出自己的想法或做自己想做的事情的時候，會覺得自己被他人無視，產生羞恥心或侮蔑感。對此，他們產生極大的憤怒，或給人很有攻擊性的感覺。其他人很難想像他們為什麼要這樣做？

有情感表現是一件很重要的事，可是，情緒太敏感不是一件好事，所以我們必須理解自己的情感。由身體裡感受到的情感稱為「知覺」（perception）；理解這個情感是什麼，為什麼我有這個感覺？此過程稱為「自覺」（awareness），又稱作「意識」。因此，理解情感，是指由身體感受到情感之後，賦予這份情感名稱，並解讀這份情感帶給自己的訊息為何。正所謂理性遇見感性，這是一個讓身體與心理連結的過程。然而，心理界限不健康的人，對這個部分的能力不足，常不能感受到情感：或者，常過度敏感。

理所當然，他們亦不懂自己的情感為何。

在意識情感的時候，有兩件事很重要：一、想要理解情感的這個行為，有助於調解情感。知道自己有一種情感存在，並能觀察這個情感是什麼，它會與俗稱「情感煞車器」的大腦前頭葉互相連結，幫助調節自己的情感。重點是「觀察」，不是「控制」。簡單想想自己現在感覺如何，再以「我現在覺得很煩」、「我現在覺得不安」、「我現在覺得很憂鬱」等等的方式，賦予這份感覺名稱。熟悉這個動作之後，我們再提高難度。根據情感的強度，為它打分數。滿分為十分，用分數表示強度的大小，如：「我現在有五分的煩躁」、「我現在有三分的不安」等自言自語的方式。

若可以的話，同時找尋伴隨情感出現的知覺，並具體描述出來。例如：你因為太太在娘家聚會的場合上高談自己的家事問題，因而感到生氣。你會覺得太太讓你在家人面前出糗了。在這時候，你必須冷靜下來，並且觀察生氣的感受是從身體何處而來的。假如是臉部表情僵硬、發熱和下巴關節用力，就告訴自己：「我現在臉部表情僵硬、正在發熱，下巴關節用力，所以我現在很生氣。」

這樣刻意觀察自己的情感，並且將它具體描述出來，我們就不會隨意亂發洩情感，並會學會讓自己往後退一步，產生冷靜的力量。這就是自我調節力。

二、如果可以完整解讀你的情感狀態，則可以明確知道其情

感內的需求為何。人類的情感有相互交流的功能，它告訴我們現在你的感受是什麼？欲求什麼？比如朋友不說一聲就跑到家裡來找你的時候，你會覺得很荒唐，心情被破壞了，那麼你將會很清楚明確知道你的欲求，是希望朋友不要找來家裡嗎？還是希望朋友可以先徵求你的同意之後再過來找你？接下來，你的問題是要如何向朋友說明這件事呢？假設你看到你的愛人和自己的好朋友搭肩聊天，因此感到很生氣。這時，想一下你為什麼會生氣，你就能發現其背後隱藏的情感與受挫折的欲望。你覺得嫉妒和被忽視了，那你想要的是什麼？和他分手嗎？如果不是，你是希望對方跟朋友之間可以不要越線嗎？重要的是希望他能尊重你。

我們時常隱藏自己難以接受的情感。情感會分為第一次情感和第二次情感。當我們難以接受第一次情感，第二次情感就成為隱藏第一次情感的防禦性情感。例如：憤怒的情感，可能是本人為了要隱藏某一個情感的第二次情感。第二次情感會讓你扭曲了自己的欲望，比如：你希望自己被愛與尊重，卻用斷絕關係或帶給對方痛苦的方式來表達。因此，必須了解自己的情感後，你才能知道自己的需求。前述舉例的先生因為太太在娘家的聚會上討論家事而感到生氣，那他想要的是什麼？他希望太太不要在其他人面前說人壞話，還有他認為家事是夫妻間該解決的問題，不適合公開討論。自我表現的核心要素是表達情感內的需求，不是單純的情感。換句話說，要表達出自己想

要的東西。

　　自我未分化的人最大的問題是警戒線的混亂。這種現象會實際反映在責任區分問題。他們的混亂來自於責任的「個別化」（personalization）問題。他們在一段關係裡發生問題或產生了摩擦，會一概將責任歸咎於自己。任何一個交通事件，沒有一個人是百分之百的過失，所有的過失都是雙方過失。但是，他們依舊把罪責攬在自己身上。順應型的人認為問題的根源是自己，照顧型的人覺得該要解決這個問題的人是自己。相反的，自我過度分化的人會把自己的責任丟給對方，所以他們若與自我未分化的人相遇，兩人可說是天生的緣分。因為其中一個人做錯事的時候，另一方會全盤接受它。這會形成一個「過度責任—不負責任」的惡循環。

　　自我未分化的人沒有不負責任的問題，他們需要觀看的是自己的責任感是否適當，好好問自己：「我現在覺得自己該要負起責任的感受是否過度了？」自我過度分化的人常把關係上發生的問題歸罪於對方，所以他們該問自己：「現在感受到的憤怒是否正確？」並且練習暫停原本的自動反應，回頭想想自己是否也有責任。不過，自我過度分化的人通常其自我反省的能力滿差的，所以他們需要另外練習如何與對方引起共感反應，以及自我反省。

第三階段：調節 Control ──
根據情況與對象來調節自己的反應

　　在人際關係裡沒有正確答案。同樣一個狀況，根據時機和狀態的不同，產生的反應會不一樣。因為處境與心境是會流動的，所以每次在人際關係裡產生的反應需配合當下的狀況而做出改變。我們需要觀察自己、對方的情況，調節自己的反應。根據我們和對方是什麼樣的關係，互相分享的話題、對話內容與誠實溝通的程度都會有所不同。

　　調節的第一階段，是根據自己的狀態或情況，調節你的界線。例如：上週和朋友聊天聊到凌晨也沒關係，但今天的身體狀況是聊不到一小時就覺得很累；上週因為手頭寬裕，所以可以買貴一點的禮物送給愛人，現在的經濟狀況可能就不允許。諸如此類，根據你現在的狀況，其反應可能會不一樣。但是，有些人不能察覺這件事情。他們不考慮自己的狀況和條件，比如：男生和女友約會結束之後，男生每次都要送女友回家。其實，如果自己很忙碌或身體不好的時候，可以先取得女友的諒解，請女友自己一個人回家。但是，有些人常常不考慮自己的情況，容易被困在一個固定角色之中，習慣以他人為中心的方式建立關係。這樣的關係最終會帶來不好的結果。

　　人類的生活方式有一定的界限。所謂的界限是指事物、能力

與責任或其他相關實際層面可以做到的範圍。若以在家裡活動的範圍作為比喻，有些人是可以一起睡覺的關係，有些是可以進入臥室的關係，還有一些是只能待在客廳的關係，甚至還有在家門外見面比較好的關係。每個關係的距離都不一樣。但是界限太嚴苛的話，容易產生許多問題。同一個對象，可以根據親密度的變化，讓界限隨之變化。家門外見面的關係，也可能變成一起睡覺的關係。反過來說，雖然兩人是可以一起睡覺的關係，但如果自己今天很累或有事要做，必須要能告訴對方自己的困難。根據自己的狀態與情況，流動自己的界限。

不過，在調節界限的時候，需要注意兩件事情：一、調節界限的主體是自己，不是對方。如果我不能隨自己的狀態調節兩人之間的界限，代表我們的這段關係不是一段親密的關係，我們的關係是有問題的。二、不管再怎麼親近，也要設立一個不能允許超過的最低界限。最低界限，是指一個不因情況或狀態的改變而改變的一慣性原則或標準。這個原則不能太多、太嚴苛或太不切實際。比如：「不能對父母擺臭臉」就是一個不切實際又過於苛刻的原則。最低界限可以是「能對父母發脾氣，但絕對不能摔東西」，一個不被准許發生的最低基準。當然，每個人的標準是不同的。

有些人的原則是「再怎麼好的朋友，都不要借錢給他」，有些人是「可以借錢給朋友，但要在自己能力所及的範圍內」。如

果你沒有設立最低界限的話，待人關係上將會出現問題。心理界限不健康的人在界限的設置與認知是有問題的。他們可能是本身沒有界限，或界限太多。他們會把對方的責任攬在自己身上，或把自己的責任丟給對方；即使很要好的朋友也有該保持的距離，但他們總是會破壞距離或強迫他人允許自己可以越界。特別是管教孩子的父母，就必須要設置最低界限，比如：孩子可以玩遊戲，但一定要先把該做的事做完才能玩。或者，學生在上課時間可以睡覺，但睡覺前要先舉手得到老師的同意。我們需要判斷內外情況，藉此調節我們的反應。唯有如此，我們才能建立相互交流的健康關係。

調節的第二階段，是掌握對方的立場。健康的人際關係不能只有照顧到自己的立場，還要考量對方的立場。舉例來說，如果一個心情不好的朋友需要你的話，你可以放下所有手邊的事情去找他；相反的，雖然你想陪伴這位心情不好的朋友，但如果他現在想要一個人靜一靜，那麼，你要尊重他的意思。因此，我們需要學會解讀對方的意思和心情。然而，這不是一件容易的事。如何解讀對方的意思，最好的方法是「提問」，而不是去看對方的臉色，然後自己下判斷。上司問有沒有空的時候，在回答之前，應先問「有什麼事情嗎？」換作是約會的時候，看到對方心情不好，你可能會想：「對我是有什麼不滿嗎？」但那可能只是你的感覺，最好的方式還是直接問對方：「你發生什麼事了嗎？表情

看起來不太好……」不過，這時可能會發生一個令人煩惱的情形，那就是對方可能會回答：「沒有，沒什麼事！」人際關係最困難的地方是同樣一句話會隨著情況，有不一樣的涵義。如上述，每個人在對話裡的情境位置不一樣，假如對方是使用低情境對話的人，也就是直接坦誠說話的人，我們可以直接按照他字句上的意思理解；但如果他是常使用高情境對話的人，我們則需重新確認他的意思。

調節的第三階段，是統合。健康的關係裡，我、對方與我們之間的關係都很重要。因此，我們需要統合思考該做什麼事，及該怎麼做才是對彼此好的。我們需要找尋我與對方之間的交集。假設好朋友打電話來說要見面，但是你昨天熬夜工作太累，與其硬著頭皮赴約，不如試著請求朋友的諒解且委婉和朋友說下次早點約。但是，如果你和朋友的相處模式是一種交易關係，如：我一次、你一次，這種關係就是不對的，因為這種我退一步你進一步的平衡相處方式，是一種機械式的平衡。假設我們之間是一段正常健康的關係，則在我幫助對方的時候，對方亦會在某一天來幫助我，不需要特別計算他幫我比較多，還是我幫他比較多。問題在於這件事不是每個人都可以做到。有些人會依賴對方或單方利用對方。所以，他們需要學習理解什麼才是真正的互惠交流關係。他們需要對不同的對象，做不一樣的行動。總而言之，我們不能無條件向任何人打開心房。我們需

要統合彼此之間的關係，並階段性的慢慢信任對方，逐步向對方打開心房。

第四階段：表達 Self-Expression ——
誠實且慎重

經歷過前面三個階段的最後，我們需要以表達的方式呈現自己的心理界限狀態。人際關係裡的自我表現，其核心要點是表達出情感背後的自我欲望。但是，你不能完全直白表達出自己的情感。除非你與對方之間的親密度是足以讓你向對方表達出自己的情感。不過，首要條件是你要婉轉而誠實的表達自己，不能完全的露骨。重建心理界限的自我表現是「誠實但慎重」。既然如此，我們該怎麼做才能做到誠實又慎重的自我表現？我們需要做到三件事情：

一、相對性的表現。如果你帶朋友到一家你認為是好吃的美食餐廳，但是朋友卻老實的跟你說，他覺得這家餐廳不好吃，你可能會對朋友的誠實表達感到慌張。像這樣的情況，我們能說是因為這家餐廳的口味比較符合誰嗎？雖然不知道，但可以確認的事實是，兩人的口味是不一樣的。這個事實是一個不需要解決的問題。覺得好吃的你，不用刻意說不好吃，更不用特別強調自己的立場：「怎麼會呢，不可能不好吃啊！」

可是，心理界限不健康的人們不存在相對立場的概念。自我未分化的人會為了要與對方產生一體感，刻意改變自己的喜好；自我過度分化的人則不能認同對方的喜好，並且過度強調自己的喜好。對方說不好吃的時候，自我未分化的人會產生抱歉的心理及對自己感到失望；相反的，自我過度分化的人會發脾氣說：「怎麼可能會不好吃呢！」這麼說來，到底相對性的表現是什麼？你可以這樣說：「我覺得好吃，結果你覺得還好啊！原來我們的口味不同！」對於彼此之間的基本差異，以「我這麼想（覺得），但你是這麼想（覺得）啊！」的方式表達，即相對性的表現。

二、不批判對方，只依照自己的狀況或心情，誠實表達自己。批判對方的表達言語愈多，兩人的關係會愈糟。因為批判性的表達會讓聽的人覺得是在攻擊、指責自己。如果有人攻擊你，你的反應是？大部分的人面對這樣的情況時，通常不會先進行自我省察，他們會立刻反擊回去或開始防禦自己。因此，重新建立健康心理界限的時候，自我表現應不具有批判性。不具有批判性的意思是不要去評判對方，只要說出自己的狀況或心情即可。假設講述的事情與對方有關，你也只是說出對方的行為對自己造成什麼影響就好。

舉例來說，如果你與先生吵架後，實在是無法忍受什麼話都不說。這時，你的表達不要有「你又生氣了！」、「一個大男人

怎麼這麼心胸狹隘！」等等類似的言詞，這些都是不好的表達方式，應該要以自己的心理狀態為表達，比如：「你不說話，讓我很難受，所以事情都做不好了！」假設你陷入苦惱，為了抒發情緒，你打電話約朋友出來聊天。但是朋友說他在忙，下次約，你因此感到很失望的話，該如何向朋友表達才好？千萬不要對朋友說：「你很自私耶！只是出來一下而已！」你應該這樣說：「以為我們可以稍微出來聊一下，但你說很忙、不能見面，我好傷心啊。」由此可知，前者的自我表現摻入了你對另一方的評判，後者則僅是表達自己的心情。

不過，我們在誠實表達自己心境的時候，需要先判斷對方的情況。特別是在不親近的人際關係裡，必須謹慎小心使用情感表達的對話。近期，心理學理論強調情感表達的重要性，但是受東方文化影響極深的我們不擅長分享情感。不僅如此，常常因而出現反效果。在一段不親近的工作關係裡，我們需要的是誠實表達自己的狀況。假設同事成天無所事事，卻突然來拜託自己幫忙的時候，你會感覺這位同事太沒有責任感，而不想幫助他。這時，你不能對他說：「你為什麼這麼沒責任感！」也不適合對他說：「你突如其來的請託，我覺得很不爽！」你最好的表達方式是「我也有自己要做的事，幫你的話，我會很困擾！」所以，一般的生活中，我們要誠實表達的是自己的狀況，並非自己的心情。你不需要很詳細的解釋：「我還要做某某事，這件事要哪時候完成等

等。」你只需要說：「我有自己的事要做」或「我沒有時間幫你」，即可充分表達你不能幫助他。

三、說出自己想要的事物。誠實但慎重的自我表現是說出自己想要的事物。以下是心理學家卡蘿‧杜維克（Carol Dweck）於《心態致勝：全新成功心理學》（Mindset）一書裡的故事。卡蘿不滿先生都不懂得送禮物給她，每次過生日或特別紀念日，先生都不準備禮物。即使如此，她告訴自己兩人的心意比較重要，給自己一個不像辯解的藉口。單只是一兩次的話，她還可以用這個藉口安撫自己。但是她不能每一次都用同一個藉口糊弄自己，更不能一直只對先生發脾氣。聰明的她知道自己在生氣裡隱藏的欲望，因此，她特意在自己生日的幾天前，跟先生說：「我不是個愛錢的人，但我還是喜歡收到禮物。」可是先生依舊回答：「心意比較重要，不是嗎？」這是一個可想而知的回應。然而，卡蘿冷靜的向先生說：「因為我不曾向你說過，所以你不知道，但是，每個人一年裡都有一天是屬於自己的日子啊！我愛你，所以從今以後，我想盡力為你準備禮物，希望你同樣能夠盡力為我準備禮物。」卡蘿的這番話不是即興的，她早已在為未來鋪路。其實，當重新建立健康的心理界限之時，是需要準備好回答的方式。然後，她先生有什麼改變嗎？先生在收到她給的禮物之後，確實感受到自己被愛的感覺。因此，即使麻煩，他也會想辦法準備生日禮物給太太。

諮詢過這麼多對夫妻或戀人之後，我發現常常會有一方說：「一定要說出來，你才會懂嗎？」或「原來你想要的是這個？」相處十幾年了，有一大半的夫妻們不知道對方喜歡的東西是什麼，有被愛的感覺是什麼時候？兩個人認識再久，如果自己不說出來的話，對方無法知道你想要的是什麼。說不定，你連自己的心意都搞不懂呢！因此，向對方具體說出自己想要的東西是一種對另一方的照顧，亦是兩人維繫關係的健康基礎。由此可知，我們必須把焦點放在自己想要的事物上。例如：剛結婚不久，婆婆就一直到家裡來教導自己的媳婦如何做家事。這時，媳婦該怎麼辦？當然是要說出來啊！妳不說的話，這樣的情況只會持續發生。不過，妳說出來的話，一定是有代價的！說出來之後，兩人的關係或多或少都會變得尷尬。能否承受那份尷尬的感覺，決定要不要說出來的權利在妳手上。但其實，只要妳能好好表達，這個尷尬的感覺可能沒有妳想像中的嚴重。暫時的感覺會隨著時間漸漸消失，恢復原本正常的關係。

　　不過，當妳在表達的時候，不能將焦點放在想要控制對方，或是改變對方，亦不能直接說出對另一方的不滿。我們應把焦點放在自己想要的事物上。不能對婆婆說：「婆婆！妳不用為我們的家事操心！」更不行說：「婆婆，妳常常來我們家說那個做那個的，我覺得很累！」但妳可以說：「婆婆！我在結婚前就想要試著以我自己的方式來做家事，雖然可能還很多不足之處，但我

想要邊做邊修正自己的方式。」以聽者的立場而言，這段話會讓雙方的心情變糟，或者，讓雙方暫時不想聯絡往來。但相較之下，前面兩句話可能帶給婆婆的感受是更大的反感。雖然婆婆在聽完媳婦的這番話之後，短時間內會心情不好，然而，隨著時間消逝，婆婆會慢慢接受「媳婦就是這樣子的人啊！」

對方不可能一下子就接受你想要的事物。在無法接受你的期間，他可能會無視你，或是帶攻擊性的對你發洩情感。但是你必須承受，因為對方情緒高漲的原因不是你誠實表現自我的關係，是對方不懂尊重他人與調節自我情感的關係。假如這時你認為你有責任要把對方情緒高漲的狀態恢復到原本的狀態，你的心理界限必然會一起陷入情緒高漲的狀態。但是，你也不能在對方無法接受的時候，去批評或挑釁對方。因為對方想要的即是你的批評和挑釁。唯有如此，他才能將對你的指責合理化。因此，你需要做的事情只有誠實說出自己的想法而已。

● 自我表現應遵守的原則 ●

1. 你不需經過誰的同意或允許，有權表達自己的想法、情感及欲望。

2. 對方當然也不需經過你的同意或允許，有權表達他的想法、情感及欲望。

3. 健康的自我表現是認同雙方都有權利表達自己。如果你忽視對方的權利，你的自我表現會是具有攻擊性的；如果你忽視自己的權利，你的自我表現會是順應他人的。

4. 心口要一致。比如：不能笑著或扭著身體說「討厭」。假如你說不出口，至少要有一些非言語上的表達。像是對方的話讓你傷心的時候，不能勉強自己以微笑面對。如果可以說出「這話聽起來令人有些反感」、「聽起來令人不開心」的話會更好。假如你覺得難以啟齒，表現冷漠的眼神亦是好方法。

5. 自我表現的核心要點是保護自己的領域及表達自己想要的事物，不能批判對方或強求對方改變，甚至攻擊對方。

第 19 章

練習說「不」

·

**健康的心理界限雖然具有柔軟性，但它保有基本的原則。它能夠設
定一個不可超過其許可範圍的最低界限。**

·

　　拒絕是心理界限的重要功能之一。經由上一章的「自我表現
訓練」，你終於有勇氣向對方表達自己了。然而，有時候表達自
我的理由很重要，亦是最難的部分。心理界限健康的人，拒絕功
能可以正常運作，他們能在收到任何請求或拜託的時候，先掌握
自己的情感，再考量內外情況，最後慎重且婉轉的拒絕那些超出
自我能力所及的請求。可是，自我未分化的人們不知道怎麼拒絕
請求，即使那些請求會傷害到自己。因為他們害怕拒絕他人之後，
兩人的關係會因此而出現裂痕。相反的，自我過度分化的人則是
容易太快或過於草率的拒絕他人的請求。未分化的人不知道如何

拒絕，所以只會讓自己更辛苦；過度分化的人太快拒絕他人於千里之外，導致對方的心情受損。

決定權在你手上

我們小的時候就該接受如何拒絕他人的教育訓練。父母不能只教孩子說：「好！」更需要教導孩子如何說：「不要！」透過各個諮商經驗，我發現一件很重要的事情。那就是我們有權對自己討厭的東西說討厭，對自己不想做的事說不想做，其決定權在自己手上。但是，卻有許多人不知道這個事實。他們時常心口不一致，甚至對「拒絕」感到罪惡。主要原因是他們從小就被教導必須順應父母的話。所以，父母們應該要教育小孩，告訴他們對自己討厭的東西或覺得不對的事情，不需要有罪惡感或不安，大膽的說：「不要！」、「討厭！」、「不行！」。

大部分的父母都希望子女能成為一個聽話的乖孩子。然而，若是父母不教導孩子如何說「不」，在不久的未來，父母必定會對此付出相當的代價。代價是孩子不只在家裡，在家以外的世界，也容易成為一個順應的人，儘管是一件面對不對的或不好的事情。

高中被退學的尚範，他人生中最後悔的瞬間是在高中一年級的時候，他的國中同學們拜託他做一件危險且錯誤的事情。朋友們打算去偷摩托車和手機，拜託尚範幫忙把風。尚範的心裡雖然

想著：「不要！」但他卻沒能說出口。因為他不想被朋友們認為他是一個卑鄙的人，或背叛他們的人。躊躇之下，他勉為其難的隨著朋友們一起去了！結果那天他和朋友們都被抓進看守所了。最後雖然他被判免訴，卻也因而被學校退學了。尚範覺得很委屈。他認為他既沒有打破賣場的玻璃，更沒有進入賣場裡面，他只是靜靜在賣場外面站著而已。可是，你若是「不拒絕」且「同時在犯罪現場」，將被視為共犯。假設你是父母，必然不會希望你的子女會變成這樣的人。

青少年時期，影響自己最深的人不是家人，而是朋友。這個階段的孩子認為「同儕關係」是最重要的，所以他們不能擺脫同儕帶來的壓力。隱約的壓力讓自己被誘導去喝酒、吸菸、嗑藥、離家出走，以及性暴力犯罪，甚至沉淪於其中。不過，不是每一個青少年都會接受同儕們不對的邀請。從小就懂得說「不」的孩子，知道他們在同儕壓力下的最低界限。他們清楚知道哪些事可以好奇，哪些事情不能。因為健康的心理界限雖然具有柔軟性，但它保有基本的原則。它能夠設定一個不可超過其許可範圍的最低界限。即使拒絕帶來的結果是斷絕彼此的友情或被排擠於外，也不能超越自己的最低界限。但是自我未分化的人，即心理界限模糊的人，他們會直接被捲入同儕壓力之中。

我們有選擇與拒絕的權利。我們可以做自己想做的事情，不做不想做的事情。這種決策權才是自我尊嚴的核心要素及健康心

理界限的重要功能。因此，把決策權讓與他人，即代表你自己放
棄了自我尊嚴。

訓練拜託他人：我能拜託你，而你可以拒絕我

我們該如何訓練拒絕的能力？

我自己有兩個兒子。其中，老二從小就不太會拒絕他人。因
此，我希望他能夠明白自己有權利拒絕自己不想要做的事情。但
我沒有特意叫他過來坐著，一一和他教導要如何說「不」。藉由
生活的細鎖小事之中，訓練他自主認識到拒絕的重要性。每個週
一晚上是家庭回收日。這天，我叫了老二：「一起跟爸爸去做回
收吧。」另外，又說：「我有權請求你和我一起去，但你也可以
拒絕爸爸的邀請，你的答案是？」孩子聽到這句話之後，再次傾
聽自己的心聲，他可以選擇跟爸爸一起去或拒絕爸爸。我教他如
果要拒絕爸爸的話，不要以「我為什麼要去？」的方式回答，應
該要和爸爸說：「今天好冷，我不要。爸爸不能自己去嗎？」教
他如何委婉拒絕他人。這個過程中，孩子理解到自己的決策權很
重要。往後，我再提高一些難度。我跟孩子說：「好！我有權拜
託你，你有權拒絕我，但是爸爸現在再拜託你一次。你不去的話，
爸爸也不想去了，所以一起去嘛！」孩子在爸爸第一次拜託自己
的時候，拒絕了；然而，如果爸爸再向孩子拜託一次的時候，他

可能就會跟著去了。反覆練習之後，孩子即可在對方再三拜託的時候，堅持自己的立場。欲維持一個健康的自我世界，你需要懂得拒絕自己不想做的事情。

　　拒絕的能力要從日常生活中訓練。單靠決心，絕對無法學會如何拒絕他人。因此，培養拒絕的免疫力需要經歷一個漸進過程。我們經由訓練自己身在一個可能被拒絕的情況裡，降低自己對拒絕的敏感度。換言之，你要懂得拒絕，就必須懂得拜託他人，試著提出一個對方可能會拒絕的請求吧。不僅是認識的人，如果試圖拜託一個不認識的人，其訓練效果更好。訓練自己拜託他人的時候，最重要的一點是「我可以拜託你，而對方可以拒絕我」。訓練過後，身體即能反推記憶「對方可以拜託我，而我可以拒絕對方」。掌握這一點，對方接受我的請求的時候，我會感謝他；對方拒絕我的時候，我可以接受這是有可能的事情。

　　大多數的人不具備這個觀點，常常忘記拒絕的權利在自己手上；或者，認為對方應該要接受我這一點程度的拜託，卻忘記我可以拜託他人或拒絕他人；他人亦當然可以拜託我或拒絕我。人在生活中，偶爾會發現自己接受了一個不可理喻的請求。對此，我們不能說「早知道就不要幫忙了」，因為是否接受這個請求，不管在哪裡，都是自己的選擇問題。決定權在你手上！

拒絕的表現：我拒絕的不是你，而是你的請求

大部分的人都對拒絕有所誤解。他們相信拒絕會帶給人傷害，危害彼此之間的關係。特別是親近的人拜託自己的時候，更容易產生這種錯覺。帶給人傷害的主因，不在於你拒絕他人，而在你拒絕他人的態度。你如果可以慎重、委婉的拒絕他人，它將不會帶給他人傷害。如果對方的期望愈大，其失望可能愈大。即使如此，這個情感會隨著時間一併流逝。因為你拒絕的不是對方，而是對方的請求。假如對方的心情依舊不能恢復，絕對不是你的問題，是他的問題。你該在意的是傾聽自己的心聲，並且慎重的拒絕對方。因此，以下有幾點需要注意：

一、給自己一點時間再決定。有意識的反應需要「暫停」。不懂拒絕的人連對方請求的內容都不曉得，亦不考慮自己的狀況，即立刻答應對方的請求。因此，訓練拒絕他人的時候，最需要的是時間與判斷。收到別人的請求而感到不舒服的時候，我們需要先暫停反應。但思考的時間不宜過久，最好在當日決定。

二、慎重並明確的拒絕。慎重的拒絕方式需要使用非批評的表現，並把焦點放在自己的狀況。例如：聯誼的時候，男方看起來很沒有自信，對他不甚滿意。這時候，男方先提出下次有機會一起出來見面的邀請，該怎麼辦呢？你不用特別解釋：「我最近有點忙，很難空出時間。」反而留給對方有機會的餘地。但是直

白向他說：「我不喜歡沒有自信的人。」這是不禮貌的表現。你可以說：「你不是我喜歡的類型。」這句話說明不是對方有不足之處，而是強調他不符合自己的理想型，明確表達自己認為雙方不需要再繼續見面的意思。

舉例來說，一個朋友約自己週末一起去買衣服，但你那天有其他的事情要做。你應該對朋友說：「我那天有事，所以不能

跟你一起去了。」不該以「自己一個人不會買衣服嗎？」的方式
去批評對方。含有批評意味的拒絕，容易傷到對方的心。拒絕的
理由愈簡單愈好。你不需要在對方未提問之前，詳細解釋一番。
因為愈仔細的解釋不一定會讓對方體諒你，或者減少對方被你拒
絕的失望感。詳細的解釋甚至反而會讓對方更傷心。

　　三、發揮心理界限的柔軟功能。原則上你有拒絕對方請求的
權利，但亦要有例外，不能每一次都固定套用原則。關係愈疏遠，
愈容易毅然決然拒絕對方；反之，愈親密的關係，愈需要發揮心
理界限的柔軟功能。假設對方提出一個完全可以接受且不能反駁
的請求，這時候，我們需要依據自己的情況，部分接受或部分拒
絕。向對方提出另一個方案亦是不錯的方法。例如：親戚來借錢
的時候，如果他要借的金額讓你覺得有負擔，你可以借給他自己
能力所及的範圍；主管拜託你做其他事情的時候，可以先向主管
說手邊的事情處理完之後，幾點至幾點可以協助處理；或者，向
主管表示自己僅能接受其中一部分的事情。

不同心理界限問題類型的拒絕訓練

　　不同心理界限問題的類型，需要不同的拒絕方式。
　　「順應型」的人要先從認識自己有拒絕的權利開始。他們從
小就養成順應他人的習慣。他們拒絕他人的時候，像是在請求他

人同意般，每次都向他人確認自己能否拒絕其請求。他們在路上遇到傳教人士或接到金融商品的推銷電話，常會先聽對方講解。他們對於拒絕本身是感到抱歉的。然而，對方早已對這種拒絕習以為常，不以為意。所以，順應型的人需要學會更明確的拒絕表現。不需要一一解釋，簡單向對方說：「我不需要」或「我現正在忙，要掛電話了」等等的表達訓練。

　　拒絕一個不是特別重要人士的請託，愈要更明確的表示。不僅為了你，也為了他好。像接到推銷電話的時候，應立即拒絕。你持續聽完他的介紹之後，再向對方說不需要，反而是讓對方白費力氣。

　　「照顧型」的人亦不懂得拒絕。對於親近家人朋友的請託，他們通常會不假思索的答應。偶爾，他們還會在對方未請求幫忙的時候，自己主動說要幫忙。當然，他們可以自己決定要不要幫忙。但，問題是他們常常不知道自己的狀態，不追究對方的請託是否合理，即直接答應對方。老實說，有一些請託是需要非常謹慎決定的。雖然現在已經鮮少有這種事發生，但過去有些人常發生幫人擔保而使自己陷於困難的情況。順應型的人雖然也不常拒絕他人，但假如這個請託會帶給自己極大的危害，他們亦不會接受它。相反的，照顧型的人是絕對無法忽視身邊的人有困難而不去幫忙，對照顧型的人而言，這是致使他們陷於困境的危險因子。

照顧型的人習慣將自己的事放在後面，先站出來幫助別人的請求，造成自己無法自理的窘境。假設這個照顧型的人，必須要準備考試，朋友剛從軍營放假出來，跟他說無聊，他就陪朋友熬夜玩通宵。這種個性在戀愛期不會對戀人產生太大的問題，但如果結婚以後，將會變成家人的困擾。因為照顧型的人比起照顧自己或家人，會更優先照顧外人。結婚前的「好人」特質，於結婚後，卻成了砸腳的磚頭。

　　「防禦型」的人的人際關係方式為「我是我，你是你」，因此，鮮少會發生有人向自己提出請求並拒絕他的情形。這是因為他們與別人總保持一定的距離，這就是他們的問題。請求會出現在一個互相往來的關係裡！但防禦型的人喜歡生活上的所有問題都自己解決，幾乎沒有拜託過別人幫忙。他們將拜託他人的這一件事看做一個懦弱的表現，他們基本上不希望與他人有任何瓜葛。

　　他們在不得不拜託他人的情況下會感覺到自己背負了極大的債務，因此，他們會想盡辦法要趕快還債。即使對方是熱心幫助，他們也會將好意變成一種交易關係。獲得多少就要還多少的心態，促使對方感覺到一個奇妙的距離感。所以，對他們而言，最重要的是恢復對人的基本信賴及學習建立互相交流的關係。

　　「支配型」的人則是時常拒絕他人。他們不覺得說出自己討

厭的事情是一件困難的事，因為他們幾乎不考慮他人的心情。他們的拒絕方式是粗糙的，而且容易滲入批評的意味。假設一個正在創業的朋友在苦惱過後，向自己提出借錢的請託，本來只需要向對方表示自己有困難而無法借錢給他，支配型的人卻會故意挑釁對方，向朋友回應：「創業的傢伙連這點錢都沒有嗎？」他們的拒絕不是誠實，是刻薄。可是，他們又期待自己拜託他人的時候，對方要接受他的請求。如果對方拒絕的話，他們會產生羞恥心與挫折感。他們會說：「你無視於我嗎？連這一點拜託都不幫忙！」雖說不容易，但他們需要學會擁有一個揣測他人心理的心態。

真要斷絕關係：冷靜表達不滿的方法

如果對方的行為已經造成自己的不愉快，卻仍刻意告訴自己要往好方面想的人們，是愚昧的；為了改變對方而不斷爭吵的人們，更是愚蠢的。你愈想改變對方，這段關係只會愈演愈糟，形成一個惡循環。我們無法讓每一段關係都是好的，況且，我們亦不需要這麼做。在我們的身邊常會出現一些對人無禮、喜歡強行要求對方，或是與自己不合拍的人。人際關係的用意應該是與我喜歡的人一起付出時間，度過美好的時光。它不應該付出在一個隨意對待自己的人身上，反而只會傷了自己。根據情況、需求的不同，有一些關係只是形式上的關係或應及早斷絕的關係。特別

在對方持續不善待自己、想要控制支配自己，或自己覺得被單方利用的時候，我們必須盡快調整兩人的距離或斷絕這段關係。

你已經告訴過對方在遲到的時候要先說一聲，他卻依舊遲到且未事先聯絡；或者你曾告知他，不要在他人面前說自己的壞話，他卻仍繼續說；又或者，你希望對方不要隨意拍打自己的身體，如：臉頰、屁股等等，他卻照樣繼續這麼做。由於對方屢勸不聽，造成自己的困擾，代表對方不尊重你，或不把你當成重要的人看待。因此，你需要好好再次思考這段關係是否繼續維持。但是，對方可能會進行辯解。

例如：男朋友在街上用手打你的屁股，他可能會說，我是因為覺得你可愛才打你屁股。但即使對方的意圖是好的，但我們仍需要重視你不愉快的感覺。對方的行為雖然是愛意的表現，但對你而言，則完全沒有收到被愛的感覺。所以，儘管對方向你解釋之後，你還是覺得不舒服，必須明確向對方表達出來，告訴對方應尊重你。可以的話，你試著以自己不會覺得不舒服的肢體動作，如摸手，向對方表示：「我希望不要拍打我的身體，而是摸我的手就好」，取代「你這樣做，讓我覺得心情很差！」的回應。假設你的男友看見你的反應之後，依舊做出同樣的事情，這時，你應重新好好審視這段關係。切記一件事，那就是我們在評斷任何一個人（包含自己）的時候，不是判斷他說的話，而是他顯露的行為。

當你試著調整與他人的距離，或與他人斷絕關係的時候，焦點應放在「我不斷因為對方而感到痛苦」的自我表現，而不要去想著改變或攻擊對方。自我表現必然會使兩人的關係僵化，但這是必須承受的負擔，因為這個負擔是我們調整關係距離或斷絕關係的推動力。舉例來說，你對頭髮稀少的自己感到壓力的時候，你的前輩卻在眾人面前開玩笑說：「哇，你站在這裡，整個都明亮起來了！外人不知道，還可能以為你才是前輩。」你曾經拜託過這位前輩別拿你的頭髮開玩笑，結果他還是不理會你的心情，繼續嘲笑你，你會怎麼做？假如你不會因此覺得不舒服的話，那可以當作沒這回事；但是，俗果你感到很不舒服的話，則必須說出來。

冷靜表達不滿的方法是「調節自己的情感，簡潔、緩慢且明瞭的表達自己的意思」。不隨著不愉快的感受而產生情緒反應，它的反應是意識到不愉快的感受。這種意識反應非與生俱來，它需要制定各種情況裡應要如何反應的劇本，並進行多次的實戰演練。許多人很難產生一個有意識的反應，其原因是他們未制定劇本與相關演練的不足。如上述舉例，你可以緩慢、冷靜且簡潔的向前輩說：「前輩！在大家面前拿我的頭髮開玩笑，我覺得很不愉快。」如果是一位還不錯的前輩，他會說：「對不起，上次你有說過，這樣會讓你心情不好，我卻忘記了！」但如果他是一位不懂尊重他人的人，他不會接受你的表示，反而會攻擊你：「不

是啊！你幹嘛這麼敏感，不然你戴假髮出門不就好了！」這時候，你要直視對方並說：「我很在意，而且覺得不愉快！」

你不需要做過多的解釋，或者想要去改變對方的行為。你只需要簡單的說明自己覺得不舒服和痛苦的感受。即使周遭的人都覺得你過度敏感也無所謂。因為如果你能冷靜表達，他們可能就不會這樣想；即使這麼想，那也是知道你對某一方面的話題較為敏感而已。

萬一你連這點表示都沒有，把自己的感受放在心裡，這份不舒服的感覺只會愈擴愈大。尤其你在眾人面前受到恥辱、不愉快，仍裝作自己不在意的話，最後這份感覺將演變成一種自責感。反之，如果你能夠簡潔有力且冷淡的表達出自己的不愉快，雖然氣氛暫時會變得尷尬，久而久之，尷尬的氣氛會漸漸淡掉。當你做出反應之後，等同於將球交到對方手中。

自己調節好情感並冷靜的說出來，不是一件簡單的事，亦不是一件困難的事。「消除上台報告時產生不安的治療」是一種訓練改正自己因上台的不安，導致說話變快的習慣，並練習讓自己能夠有意識的慢慢說話。初期的效果雖不顯著，但隨著多次的努力，一定會開始漸漸放慢自己說話的速度。不僅如此，訓練過程中，還會產生控制不安的力量。

如同上述的不安治療法，我們亦可以使用相同的方式調節好自己的情感並冷靜向對方說出來。我們可以制定好所有的劇本，

具體演練在某一情境裡，自己應該要怎麼說出口？說話的內容又是什麼？慢慢的，你就離你的目標愈近了。但是，你向對方說了好幾次，他仍不理會你的話，你就需要開始整理這段關係。因為如果對方是一個不斷無視你的人，那決定要不要維持或斷絕這段關係的人是你。你有權決定自己要和誰見面，不要和誰往來。在一個隨意對待你的人面前，保護好自己雖然不容易，但這是很重要且必須做的事。

第 **20** 章

打造「自我世界」

·

擁有健康自我世界的人,「現在」就能幸福。

他們知道什麼是讓自己的靈魂開心的事,並會實踐它。

·

　　健康心理界限的核心要點,不單是調節與他人的距離,亦不只是對人說「討厭」或「不要」而已。健康心理界限的用意不在於防禦他人,它是為了要讓彼此可以連結,並建立一段好的交流關係。因此,其核心要點應在於彼此的協力與互相分享,以及建立相互關係。為此,我們必須要有「自我世界」。健康心理界限非刻意即能產生,在那之前,我們需要先擁有自我世界。能生存於自我世界的人們,在和他人的關係裡,既不需過度防禦,亦不需過度在意。

現在我的人生中，擁有了什麼？

　　那麼，何謂自我世界？首先，我們暫時回到依戀相關的話題。依戀為何重要？因為依戀是獨立的基石。養育的積極目標是讓孩子獨立，非在依戀。獨立不單是從家裡搬出來自己生活，它指的是一個人擁有自我世界的意思。孩子形成安定性的依戀關係之後，下一個發育過程是探險。孩子在登山露營的時候，會開始產生好奇心，去探險世界的每一個角落。領導活動的人可以讓他們試著去觸摸、吸吮、投擲事物。探險是一種遊戲。在這個過程中，他們創造屬於自己的遊戲，發展他們的興趣嗜好。偶爾，他們還會暫時忘卻照顧者的存在，陷入自我的遊戲中。雖然微小薄弱，但這代表他們擁有了自我世界。健康的大人同樣擁有自我世界。撇除報酬與結果，他們隨著自己的喜好與好奇心，探索這個世界，創造屬於自己的生活。

　　自我世界是指以自我內心為基礎，去思考、感受、表達與行動的個人生活領域。小時候的自我世界薄弱，但在我們成長的過程中，會慢慢建造完整的自我世界。成熟的自我世界已超越生活獨立的範圍，擴大至自我哲學與情緒自律性的擁有。所謂的情緒自律性是懂得自我安慰、自我愉悅。擁有物體恆常性的孩子們不僅能在沒有媽媽的狀態下自我安慰，更隨著自己的好奇心，創造屬於自己的遊戲。

相較之下，自我未分化的孩子無法利用探險形成自我世界。他們在不安定感的狀態下探險。因此，他們未能消除自己與照顧者的分離不安，對照顧者不具有基本信賴，以致於無法集中於探險裡。他們不僅無法對自己好奇的地方集中冒險，甚至會不斷的觀察照顧者的反應。當他們發覺照顧者對自己的探險行為是否定的話，他們則不會繼續探險下去。例如：孩子想要吸吮某樣食物，但照顧者用嚴厲的表情搖搖頭，孩子則會在拿起來的時候，又放了下來；或者當照顧者偶然拿起一本書來看，孩子看見照顧者開心的模樣，他也會開始拿起書本來玩。

自我未分化的人常會將他人的欲望視為自己的欲望，而他人討厭的事物亦會成了自己討厭的事物。即使他們長大了，依然會與他人的情感、欲望與期望引發一致性現象。特別是順應型的人，他們喜歡照顧者喜歡的事物。他們長大後，常常花費時間在填補親人對自己的期望與欲望。換言之，他們不能擁有真正的自我世界。

自我過度分化的人在某程度上，其自我主見很明確且對自我的興趣與欲望亦很清楚。每次說話的時候，都給人一種理直氣壯的感覺。但其實他們在與照顧者之間的關係裡，曾受到挫折的傷害。他們與照顧者在一起的時間一點都不平和，是痛苦的。致使他們提早與照顧者分離，容易產生無差別性的探險行為。因此，他們通常是脫離照顧者的身邊，並且刻意往與照顧者期望不同的

方向探險。簡言之，他們討厭照顧者希望他們做的事情，反而會去關注照顧者討厭的事物。反抗心理支配了他們的幼年時期，而這足夠掌控一個孩子的人生了。自我過度分化的人會擺脫他人的期待與欲望，不做自己討厭的事情。因此，他們看似很獨立，事實上卻非如此。

　　照著對方的訴求行動，以及不照著對方的訴求行動，這兩者都是因為自己不懂自身的欲望，沒有屬於自我的生活，本質上來看，並無不同。這些人當中，有些人依靠自己的毅力與耐力在某一個領域得到優越的能力，但其推動力量非來自於內心動機，而是想要打敗他人的勝負心與競爭心。他們以為透過激烈的競爭，可以打造更厲害的自我世界。但某一瞬間，他們發現錯了。那個不是真正的自我世界！他們把所有的精力投入在自我世界，卻在自我生活裡沒有自我，被籠罩在空虛之中。

建立健康的自我世界所需的東西

　　湯麵傳入義大利之後，變成了義大利麵。這個現象讓我們發現相互交流會帶來豐富的新創意與拓展。但形成發展性交流的首要條件是兩個世界各要擁有健康的自我世界。非健康自我世界的交流不是一個相互發展，它是單方面侵入或縮小另一個世界而已。我們從歷史角度上看，明顯發現那些自我文化無法深根的國

家與民族會消失在世界史裡。這麼說來，建立健康的自我世界需要哪些條件與東西？

一、擁有生活的「自我決定權」。它是健康自我世界的主體。擁有健康自我世界的人可以為自己的生活負責。他們自己決定事情，且其決定若發生不好的結果，亦可負起責任，最後，他們可以從中學習經驗。我決定我的選擇與行動，討厭的就說討厭，喜歡的就說喜歡！即使經驗短缺、知識不足，生活的自我決定權才是擁有自我世界的主要條件。沒有自我決定權的自我世界，如同一顆無籽的水果。但你也不能當一個獨行俠。自我決定的重點是聽取意見與取得建言之後，最終由自己決定並負起責任。在沒有失誤之下做出明智的決定，就是自我決定。自我決定是在你選擇之後，透過此次經驗進行自我審查，並於下次可以做更好的選擇，得到更棒的經驗。

二、在自我理解之中，衍生自我個性。如果自己都不懂自己，是不能建立自我世界的。這樣的自我世界就像是你把對方的想法視同自己的想法說出來而已。

既然如此，自我理解究竟是什麼？活得「像自己」的意思是？每個領域有不同的說法，但最重要的是要了解自己的三件事，包括：欲望、才能與價值。另外再加上一點，那就是進行自我評判的思考。「欲望」讓你知道自己喜歡與討厭的東西，「才能」讓你知道你擅長與不擅長的事情，「價值」讓你區分哪些事

物對你是重要的和不重要的。

　　自我理解並非在某一個時期就可以完成的課題。人類是一生都在變化成長的動物，即使我們擁有的「才能」在某一程度上，其變動性相對較小，但仍有改變的空間。年輕的時候，他人的認同與自我成就最為重要；然而，隨著年紀的漸長，可能變成幸福與人際關係才是最重要的。因此，自我理解是生活不斷推進而反覆進行的過程。曾經的「我」消失殆盡，產生「新的我」。當然這「新的我」亦會隨著時間消逝，又創造另一個「我」，產生連鎖性的變化。因此，「我」是一個多樣可能性的存在，因應時間與環境的變化，以及追隨人際關係經驗的增長，漸漸變得不一樣。在進行自我理解的時候，必須要有「自我評判的思考」。我們必須脫離「這就是我」的圈套，不斷詢問自己：「這是我的想法嗎？」、「這是我想要的嗎？」、「這是我擅長的事嗎？」、「這東西對我很重要嗎？」

　　人對自己的理解愈深，其心理界限會愈健康。自我理解扎根夠深的話，我們就能形成屬於自己的固有興趣、愛好、記號、價值觀與思想。再區分「我」與「非我」之後，我們會更著重於「我」。因為年紀漸長，提高生活的滿意程度不再是來自於「非我」的執著。並且著重在「我」的話，我們不需要其他的外力，即可創造屬於自己的個性，建立自己的色彩風格。個性不從努力而得來，它由自我理解後，深化成「像自己」的過程中衍生而來。

三、藉由「關心事物」找到自己的方向性。自我世界是具有移動性的。向外擴張，向內深入。它會向內外兩邊移動，不會固定在同一處。當然，它的移動是有方向性的，方向的來源是自己關心的事物。孩子的初次探險是可能是無跡可尋的，因為他們只要是垂手可得的東西都會去嘗試碰觸。但久而久之，孩子就能找到吸引自己的事物，並創造屬於自己的遊戲。孩子找到自己關心的事物之後，孩子的活動即產生方向性。這現象亦適用於成人的生活。

不過，關心事物不一定就能帶來生活的方向與深度。關心各種事物反而引導我們到處遊走這個也想做，那個也想要做。但是透過自我理解，我們可以區分微小的關心與特別重要的關心，發自內心關心的事物與受外部影響關心的事物，最後找到屬於自我生活裡主要關心的事物。找到「第一順位的關心事物」之後，即可完成生活的方向，並自然的建築自我世界。理所當然，人的一生會有好幾個第一順位的關心事物。

自己產生快樂的力量，我的「安逸感來源」是什麼？

我們知道自我世界的重要性之後，仍可能覺得模糊與不知如何著手。因此，我們該怎麼做才能建立自我世界？擁有健康自我世界的人們，「現在」即能幸福。因為他們知道什麼是讓自我靈

魂開心的事，並且正在實踐中。他們不會無限期拖延自己的幸福，不會期望著不適合自己或不可期待的事情。以及，他們不僅能從人們之中獲取幸福，亦在自我世界裡感受到幸福。反之，不幸的人們有一個共同特徵，那就是他們的自我無法為自己產生快樂。他們相信自己必須填滿那些不屬於自己的條件才能擁有幸福，並且努力從他人之中找尋幸福。

我們常說的幸福存在於「現在—這裡」。它的意思不在於自己特意將現在的經驗往好的方面想；它要我們現在去累積好的經驗。這麼說來，何謂好的經驗？好的經驗與其行為帶來的回報與結果無關。好的經驗是這個行為本身會帶給自己快樂。等同於拉丁語裡的「安逸」（Otium）。安逸是指「使靈魂快樂且主動性的悠閒時光」。換句話說，好的悠閒時光是做一件事情讓自我靈魂度過快樂的時間，並不是什麼事情都不做、遊手好閒的時間。如果工作就能讓自己的靈魂開心，即不需要特別尋求安逸感；如果不是的話，你就必須要發掘自己的安逸。每個人的安逸不一樣。有些人的安逸是飼養動植物；有些人是騎自行車；有些人是彈樂器；有些人是做料理；還有某一些人是學習新事物。整體而言，他們有一個共通點，做這些事情與結果無關，他們是在行為的過程中享受愉悅感。你做了某一件事情，並且只有在得到好結果的時候，才獲得快樂的話，這件事絕非你的安逸感來源。

安逸感會在我們生活遇到痛苦、厭倦與不幸的時候，讓我

們進行自我療癒。假設有一個人遇到棘手的事或經歷失語般的痛苦，對這個人而言，安逸會讓他更有壓力嗎？還是會讓疲憊的生活獲得慰藉呢？答案是後者。因為安逸感本身就會帶給人愉悅。安逸感是成人會幸福的最重要因素。小時候可以從關係之中填滿幸福，但是成人除了從關係之中，更能在自我世界裡得到幸福。安逸感是今天的幸福，它不是一個泡沫般的幸福，它是具有意義且同時獲得快樂的真正幸福。安逸感亦能在人際關係裡發揮威力。深化後的安逸感會帶領我們找到屬於自己的色彩風格，以及讓我們對身邊的事物感到興趣。而且，透過關心事物而建立的人際關係會愈來愈深。不需要另外經營，它是自然而然由活動中發生的變化。我們不需要為了關係而建立關係。當人們不再為了維繫關係而花費過多力氣的時候，彼此擁有分享關心事物並取得共同經驗的時候，我們即能擁有一段好的人際關係。打造自我世界之後，我們會在這個地方活出自我，即能找到自我與關係的均衡。

心理界限超越心理界限

何謂智慧？智慧有許多定義，但我將它解釋為「統合矛盾的能力」，而人際關係上的智慧更是如此。健康的心理界限存在於自我與關係的平衡之道，並能統合逆向的矛盾。換句話說，「獨立兼親密」、「誠實兼尊重」、「溫暖兼嚴謹」和「理性兼感性」的狀態。

那麼，當心理界限發展卓越時，會變成什麼樣子呢？這樣的界線會變得更顯著、更堅固甚至更高大嗎？想像「自我」是一座城牆，我們是不是能將這座城牆，變得更結實和高大？其實，最初產生的心理界限是模糊不清的，透過慢慢成長、變得顯著後，

它又會漸漸模糊。因為透過心理界限的顯著，可明確分辨「我的」與「非我的」，例如「我的東西」、「我的子女」和「我的生活」等等。然而，「自我」充分發展後，互相交流的連結感慢慢強大，當到達某一個瞬間，心理界限則又再度模糊。從「我」的概念減弱，擴張成「我們」的概念，到形成「我們的東西」、「我們的孩子」和「我們的生活」。這一段發展過程中，對「我」的執念日漸消長，將不再感受到自己為個別的存在，而是全體連結裡存在的一分子。

如此一來，我們又退回到幼年期模糊的心理界限了嗎？不是的。心理界限的再度模糊，不是因為「自我」的喪失，而是擴張了「自我」更深層的涵義。人類的成長是螺旋式的進步，當心理界限再次減弱，並非下降至「未成熟的模糊」，是晉升成「成熟的概念」。例如從單一個「我」的概念，增加到能對鄰居付出關懷，思考下一世代的責任，以及該做些什麼才能讓世界更美好，並付諸實踐。填滿自我的同時，亦在這些共同體上有所貢獻。經過這一連串的自我發展，自我將於某一刻超越自己。是故，在成大事前，基本的心理界限要先茁壯。

Life
004

守好你的心理界限，療癒你的內在小孩

善良的人，不一定要這麼辛苦！教你懂得保護自我，親近他人，擁有生活
「自我決定權」的訓練

관계를 읽는 시간

作　者	文耀翰
譯　者	陳彥樺
責任編輯	魏珮丞
特約編輯	吳令葳
封面設計	兒日設計
版型設計	許紘維
排　版	JAYSTUDIO

社　長	郭重興
發行人兼出版總監	曾大福
總編輯	魏珮丞
出　版	新樂園出版／遠足文化事業股份有限公司
發　行	遠足文化事業股份有限公司
地　址	231 新北市新店區民權路 108-2 號 9 樓
電　話	(02)2218-1417
傳　真	(02)2218-8057
郵撥帳號	19504465
客服信箱	service@bookrep.com.tw
官方網站	http://www.bookrep.com.tw
法律顧問	華洋國際專利商標事務所 蘇文生律師
印　製	呈靖印刷

初　版	2019 年 11 月
初版二刷	2020 年 12 月
定　價	380 元
ＩＳＢＮ	978-986-98149-3-5

관계를 읽는 시간
How to Set Healthy Boundaries in Relationships
Copyright © 2018 MUN YOHAN
All rights reserved.
Original Korean edition published by Gilbut Publishing
Co., Ltd., Seoul, Korea
Complex Chinese Translation Copyright 2019 by Nutopia
Publishing, an imprint of Walkers Cultural Co., Ltd.
This Complex Chinese Language edition published
by arranged with Gilbut Publishing Co., Ltd. through
IMPRIMA KOREA & LEE's Literary Agency

No part of this publication may be reproduced, stored in
a retrieval system, or transmitted by any means, electronic,
mechanical, photocopying, recording or otherwise, without
the prior permission of the copyright holder.

國家圖書館出版品預行編目 (CIP) 資料

守好你的心理界限，療癒你的內在小孩：善良的人，不一定要這麼辛苦！
教你懂得保護自我，親近他人，擁有生活「自我決定權」的訓練
文耀翰著；陳彥樺譯──初版──新北市：新樂園出版：遠足文化發行, 2019.11
304 面；14.8 × 21 公分──〔Life；4〕
譯自：관계를 읽는 시간

ISBN 978-986-98149-3-5（平裝）

1. 人際關係 ／ 2. 生活指導

177.3　　　　　　　　　　　　　　108017041